ChatGPT im Alltag

ALEXANDER ARMIN

INHALTSVERZEICHNIS

1
Einführung in Künstliche Intelligenz

1.1 Was ist Künstliche Intelligenz?

Künstliche Intelligenz (KI) bezeichnet die Fähigkeit von Maschinen, menschenähnliche kognitive Funktionen auszuführen, wie Lernen, Problemlösen und Entscheidungsfindung. Diese Technologie hat in den letzten Jahren enorm an Bedeutung gewonnen und beeinflusst zahlreiche Bereiche unseres Lebens. Die Definition von KI ist jedoch vielschichtig und umfasst verschiedene Ansätze und Technologien, die darauf abzielen, intelligente Verhaltensweisen zu simulieren.

Ein zentraler Aspekt der KI ist das maschinelle Lernen, ein Teilbereich, der es Systemen ermöglicht, aus Daten zu lernen und sich im Laufe der Zeit zu verbessern. Hierbei werden Algorithmen eingesetzt, die Muster in großen Datenmengen erkennen können. Ein Beispiel hierfür sind Empfehlungsalgorithmen von Streaming-Diensten oder Online-Shops, die auf Basis des Nutzerverhaltens personalisierte Vorschläge machen.

Darüber hinaus spielt auch die natürliche Sprachverarbeitung (NLP) eine entscheidende Rolle in der Entwicklung von KI-Anwendungen. NLP ermöglicht es Maschinen, menschliche Sprache zu verstehen und sinnvoll darauf zu reagieren. Dies wird besonders deutlich bei Chatbots oder virtuellen Assistenten wie Siri oder Alexa, die alltägliche Aufgaben erleichtern und Informationen bereitstellen können.

Die Anwendungsgebiete von KI sind vielfältig: In der Medizin unterstützt sie bei Diagnosen durch Analyse medizinischer Bilder; in der Automobilindustrie treibt sie die Entwicklung autonomer Fahrzeuge voran; im Finanzsektor optimiert sie Handelsstrategien durch Echtzeitanalysen großer Datenmengen. Diese Beispiele verdeutlichen nicht nur das Potenzial von KI zur Effizienzsteigerung, sondern auch ihre Fähigkeit zur Innovation in verschiedenen Branchen.

Allerdings bringt die Integration von Künstlicher Intelligenz auch Herausforderungen mit sich. Ethische Fragestellungen bezüglich Datenschutz, Bias in Algorithmen und Arbeitsplatzverlust durch Automatisierung müssen dringend adressiert werden. Daher ist es wichtig, dass Entwickler und Unternehmen verantwortungsbewusst mit dieser Technologie umgehen und transparente Richtlinien für deren Einsatz entwickeln.

1.2 Geschichte der KI-Entwicklung

Die Entwicklung der Künstlichen Intelligenz (KI) ist eine faszinierende Reise, die sich über mehrere Jahrzehnte erstreckt und von bedeutenden wissenschaftlichen Durchbrüchen sowie gesellschaftlichen Veränderungen geprägt ist. Die Wurzeln der KI reichen bis in die 1950er Jahre zurück, als Pioniere wie Alan Turing und John McCarthy begannen, die Grundlagen für das zu legen, was wir heute als KI verstehen.

In den frühen Jahren der KI-Forschung lag der Fokus auf symbolischen Ansätzen und dem sogenannten „Good Old-Fashioned Artificial Intelligence" (GOFAI). Diese Phase war gekennzeichnet durch Programme, die logische Schlussfolgerungen zogen und Probleme mithilfe von Regeln lösten. Ein bekanntes Beispiel aus dieser Zeit ist das Programm „Logic Theorist", das 1955 von Allen Newell und Herbert A. Simon entwickelt wurde und als eines der ersten Programme gilt, das menschliches Problemlösungsverhalten nachahmte.

Die 1970er Jahre brachten jedoch eine Phase des Rückschlags, oft als „KI-Winter" bezeichnet. In dieser Zeit sank das Interesse an KI erheblich, da viele Erwartungen nicht erfüllt wurden und die Finanzierung für Forschungsprojekte zurückging. Dennoch blieben einige Forscher aktiv und entwickelten neue Ansätze wie Expertensysteme, die in den 1980er Jahren populär wurden. Diese Systeme konnten spezifisches Wissen in bestimmten Bereichen nutzen, um Entscheidungen zu treffen – ein Beispiel hierfür ist das medizinische Expertensystem MYCIN.

- Mit dem Aufkommen leistungsfähiger Computer und großer Datenmengen in den 1990er Jahren erlebte die KI einen erneuten Aufschwung. Der Fokus verlagerte sich zunehmend auf maschinelles Lernen und statistische Methoden. Algorithmen wie neuronale Netze gewannen an Bedeutung, insbesondere mit der Einführung des Deep Learning im 21.
- Jahrhundert. Diese Technologien revolutionierten Bereiche wie Bild -
- und Sprachverarbeitung.

Heute sind wir Zeugen einer explosionsartigen Zunahme an Anwendungen für KI in verschiedenen Sektoren – von autonomen Fahrzeugen bis hin zu personalisierten Gesundheitslösungen. Die Herausforderungen bleiben jedoch bestehen: Ethische Fragestellungen sowie Fragen zur Transparenz und Fairness müssen weiterhin adressiert werden, während wir uns auf eine Zukunft zubewegen, in der KI eine noch zentralere Rolle spielt.

1.3 Bedeutung von KI im Alltag

Künstliche Intelligenz (KI) hat sich in den letzten Jahren zu einem unverzichtbaren Bestandteil unseres Alltags entwickelt. Ihre Bedeutung erstreckt sich über zahlreiche Lebensbereiche, von der Kommunikation bis hin zur Gesundheitsversorgung, und beeinflusst sowohl individuelle als auch gesellschaftliche Aspekte. Die Integration von KI-Technologien in alltägliche Anwendungen hat nicht nur die Effizienz gesteigert, sondern auch neue Möglichkeiten geschaffen, die unser Leben bereichern.

Ein herausragendes Beispiel für die Allgegenwart von KI ist der Einsatz in Smartphones. Sprachassistenten wie Siri oder Google Assistant nutzen fortschrittliche Algorithmen, um natürliche Sprache zu verstehen und auf Benutzeranfragen zu reagieren. Diese Technologien ermöglichen es den Nutzern, Informationen schnell abzurufen, Termine zu verwalten oder sogar Smart-Home-Geräte zu steuern – alles durch einfache Sprachbefehle.

Im Bereich des Online-Shoppings spielt KI eine entscheidende Rolle bei der Personalisierung des Einkaufserlebnisses. Algorithmen analysieren das Verhalten der Nutzer und schlagen Produkte vor, die ihren Vorlieben entsprechen. Dies führt nicht nur zu einer höheren Kundenzufriedenheit, sondern auch zu einer Steigerung der Verkaufszahlen für Unternehmen.

Ein weiterer bedeutender Anwendungsbereich ist die Gesundheitsversorgung. KI-Systeme unterstützen Ärzte bei Diagnosen und Behandlungsentscheidungen durch die Analyse großer Datenmengen aus medizinischen Studien und Patientenakten. Beispielsweise können KI-gestützte Bildverarbeitungstechniken Tumore in Röntgenbildern schneller und präziser erkennen als menschliche Augen allein.

Die Auswirkungen von KI sind jedoch nicht nur positiv; sie werfen auch ethische Fragen auf. Die Automatisierung bestimmter Arbeitsplätze könnte beispielsweise zu Arbeitsplatzverlusten führen und soziale Ungleichheiten verstärken. Daher ist es wichtig, dass wir einen verantwortungsvollen Umgang mit diesen Technologien pflegen und sicherstellen, dass ihre Entwicklung im Einklang mit gesellschaftlichen Werten steht.

Zusammenfassend lässt sich sagen, dass Künstliche Intelligenz im Alltag eine transformative Kraft darstellt. Sie verbessert unsere Lebensqualität durch Effizienzsteigerungen und innovative Lösungen, während gleichzeitig Herausforderungen bestehen bleiben, die es erfordern, sorgfältig abgewogen zu werden.

2
Grundlagen von ChatGPT

2.1 Funktionsweise von ChatGPT

Die Funktionsweise von ChatGPT basiert auf einem tiefen Verständnis der menschlichen Sprache, das durch maschinelles Lernen und neuronale Netzwerke erreicht wird. Dieses KI-Modell wurde entwickelt, um Texte zu generieren, die sowohl kohärent als auch kontextuell relevant sind. Die zugrunde liegende Technologie ist ein Transformer-Modell, das in der Lage ist, große Mengen an Textdaten zu verarbeiten und Muster in der Sprache zu erkennen.

Ein zentraler Aspekt der Funktionsweise von ChatGPT ist das Training mit umfangreichen Datensätzen. Diese Daten umfassen Bücher, Artikel und andere schriftliche Inhalte aus dem Internet. Durch diesen Prozess lernt das Modell nicht nur die Struktur der Sprache, sondern auch den Kontext und die Nuancen verschiedener Themen. Dies ermöglicht es ChatGPT, Antworten zu formulieren, die nicht nur grammatikalisch korrekt sind, sondern auch inhaltlich sinnvoll erscheinen.

Ein weiterer wichtiger Punkt ist die Fähigkeit des Modells zur Selbstkorrektur und Anpassung an den Gesprächsverlauf. Während einer Interaktion analysiert ChatGPT kontinuierlich die Eingaben des Benutzers und passt seine Antworten entsprechend an. Diese dynamische Anpassungsfähigkeit trägt dazu bei, dass Gespräche natürlicher wirken und eine höhere Benutzerzufriedenheit erzielen.

- Die Verwendung von Attention-Mechanismen ermöglicht es dem Modell, relevante Informationen aus vorherigen Konversationsteilen zu berücksichtigen.
- Durch Reinforcement Learning kann ChatGPT Feedback erhalten und seine Leistung im Laufe der Zeit verbessern.
- Das Modell kann verschiedene Stile und Töne adaptiv anwenden, je nach den Anforderungen des Benutzers oder des Kontexts.

Zusammenfassend lässt sich sagen, dass die Funktionsweise von ChatGPT auf komplexen Algorithmen beruht, die es ermöglichen, menschenähnliche Texte zu erzeugen. Diese Technologie hat das Potenzial, zahlreiche Bereiche unseres Lebens zu bereichern – sei es in der Bildung durch personalisierte Lernhilfen oder im Kundenservice durch automatisierte Unterstützungssysteme. Das Verständnis dieser Grundlagen ist entscheidend für jeden Nutzer, der das volle Potenzial von ChatGPT ausschöpfen möchte.

2.2 Training und Datenquellen

Das Training von ChatGPT ist ein zentraler Aspekt, der die Leistungsfähigkeit und Vielseitigkeit des Modells bestimmt. Die Qualität der generierten Texte hängt maßgeblich von den Daten ab, mit denen das Modell trainiert wurde. Diese Daten umfassen eine Vielzahl von Quellen, darunter Bücher, wissenschaftliche Artikel, Webseiten und Forenbeiträge. Durch diese breite Palette an Informationen kann ChatGPT ein tiefes Verständnis für verschiedene Themen entwickeln und kontextuell relevante Antworten liefern.

Ein entscheidender Faktor beim Training ist die Verwendung von großen Datensätzen, die es dem Modell ermöglichen, Muster in der Sprache zu erkennen und zu lernen. Diese Datensätze werden sorgfältig ausgewählt und aufbereitet, um sicherzustellen, dass sie repräsentativ für die Vielfalt menschlicher Kommunikation sind. Dabei wird auch darauf geachtet, dass die Inhalte ethisch vertretbar sind und keine diskriminierenden oder schädlichen Informationen enthalten.

Zusätzlich zum initialen Training wird ChatGPT durch Techniken wie Reinforcement Learning weiter optimiert. Hierbei erhält das Modell Feedback aus Interaktionen mit Benutzern, was ihm hilft, seine Antworten kontinuierlich zu verbessern. Dieser iterative Prozess ermöglicht es dem Modell nicht nur, grammatikalisch korrekte Sätze zu bilden, sondern auch den Tonfall und Stil an die Bedürfnisse des Gesprächspartners anzupassen.

Die Herausforderung besteht jedoch darin, dass das Modell nicht immer zwischen veralteten oder falschen Informationen unterscheiden kann. Daher ist es wichtig, dass Benutzer kritisch mit den Antworten umgehen und gegebenenfalls zusätzliche Quellen konsultieren. Um diese Problematik zu adressieren, arbeiten Entwickler daran, Mechanismen einzuführen, die eine bessere Verifizierung der Informationen ermöglichen.

Insgesamt zeigt sich, dass das Training von ChatGPT ein komplexer Prozess ist, der sowohl technologische als auch ethische Überlegungen umfasst. Die Auswahl geeigneter Datenquellen sowie fortlaufende Anpassungen sind entscheidend dafür verantwortlich, dass das Modell in der Lage ist, qualitativ hochwertige und relevante Texte zu generieren.

2.3 Grenzen und Herausforderungen

Die Entwicklung von ChatGPT bringt nicht nur bemerkenswerte Fortschritte in der KI-Technologie mit sich, sondern auch eine Vielzahl von Grenzen und Herausforderungen, die es zu bewältigen gilt. Diese Aspekte sind entscheidend für das Verständnis der praktischen Anwendbarkeit des Modells sowie seiner ethischen Implikationen.

Eine der größten Herausforderungen ist die **Verlässlichkeit der Informationen**. Obwohl ChatGPT auf umfangreichen Datensätzen trainiert wurde, kann es dennoch veraltete oder falsche Informationen generieren. Dies liegt daran, dass das Modell keine Fähigkeit zur kritischen Bewertung oder Verifizierung von Fakten besitzt. Nutzer müssen daher vorsichtig sein und die bereitgestellten Informationen hinterfragen, insbesondere in sensiblen Bereichen wie Medizin oder Recht.

Ein weiteres bedeutendes Problem ist die **Bias-Problematik**. Die Trainingsdaten können unbewusste Vorurteile enthalten, die sich in den Antworten des Modells widerspiegeln. Dies kann zu diskriminierenden oder unangemessenen Inhalten führen, was besonders problematisch ist, wenn das Modell in öffentlichen oder professionellen Kontexten eingesetzt wird. Entwickler arbeiten kontinuierlich daran, diese Biases zu identifizieren und zu minimieren, jedoch bleibt dies eine komplexe Herausforderung.

Zudem gibt es technische Einschränkungen hinsichtlich der **Kohärenz und Kontextualität**. Während ChatGPT in der Lage ist, kontextuell relevante Antworten zu liefern, kann es Schwierigkeiten haben, über längere Dialoge hinweg konsistent zu bleiben. Dies führt manchmal dazu, dass frühere Teile eines Gesprächs ignoriert werden oder inkonsistente Aussagen getroffen werden.

Schließlich stellt auch die **Sicherheit und Privatsphäre** eine Herausforderung dar. Bei der Interaktion mit Nutzern besteht das Risiko von Missbrauch durch böswillige Akteure, die versuchen könnten, sensible Daten abzuleiten oder schädliche Inhalte zu verbreiten. Daher sind robuste Sicherheitsmaßnahmen erforderlich, um sowohl Nutzer als auch das System selbst zu schützen.

Insgesamt verdeutlichen diese Grenzen und Herausforderungen die Notwendigkeit einer verantwortungsvollen Nutzung von ChatGPT sowie fortlaufender Forschung und Entwicklung im Bereich der KI-Technologie. Nur durch ein umfassendes Verständnis dieser Aspekte kann das volle Potenzial solcher Systeme ausgeschöpft werden.

3
ChatGPT in der Bildung

3.1 Unterstützung beim Lernen neuer Sprachen

Die Unterstützung beim Lernen neuer Sprachen ist ein zentrales Thema in der modernen Bildung, insbesondere im Kontext der digitalen Transformation. Künstliche Intelligenz, wie sie durch ChatGPT repräsentiert wird, bietet innovative Ansätze zur Verbesserung des Spracherwerbs und zur Förderung interaktiver Lernmethoden.

Ein wesentlicher Vorteil von ChatGPT ist die Möglichkeit, personalisierte Lernumgebungen zu schaffen. Lernende können in ihrem eigenen Tempo arbeiten und erhalten sofortige Rückmeldungen auf ihre Fragen oder Übungen. Dies fördert nicht nur das Verständnis, sondern auch die Motivation, da Fehler sofort korrigiert werden können und somit ein kontinuierlicher Lernprozess gewährleistet ist.

Darüber hinaus ermöglicht ChatGPT den Zugang zu einer Vielzahl von Ressourcen und Materialien. Nutzer können spezifische Themen anfragen, sei es Grammatikregeln, Vokabeln oder kulturelle Aspekte der Sprache. Diese Flexibilität unterstützt eine tiefere Auseinandersetzung mit der Sprache und hilft den Lernenden, sich auf ihre individuellen Bedürfnisse zu konzentrieren.

- **Interaktive Konversationen:** Durch simulierte Dialoge mit ChatGPT können Lernende ihre Sprechfähigkeiten trainieren und gleichzeitig neue Vokabeln sowie Redewendungen erlernen.
- **Korrekturlesen:** Die KI kann Texte analysieren und Verbesserungsvorschläge machen, was besonders für das Schreiben in einer Fremdsprache hilfreich ist.
- **Kulturelles Verständnis:** ChatGPT kann Informationen über kulturelle Nuancen bereitstellen, die für das Erlernen einer Sprache entscheidend sind.

Ein weiterer Aspekt ist die Verfügbarkeit von 24/7-Unterstützung. Lernende haben jederzeit Zugriff auf Hilfe und Ressourcen, was besonders vorteilhaft für Menschen mit unregelmäßigen Zeitplänen oder unterschiedlichen Lebensstilen ist. Diese ständige Verfügbarkeit fördert ein selbstgesteuertes Lernen und ermöglicht es den Nutzern, ihre Sprachkenntnisse flexibel zu erweitern.

Zusammenfassend lässt sich sagen, dass ChatGPT als unterstützendes Werkzeug im Sprachunterricht nicht nur die Effizienz des Lernens steigert, sondern auch eine motivierende Umgebung schafft. Die Kombination aus interaktiven Elementen und personalisierten Inhalten macht es zu einem wertvollen Partner im Prozess des Spracherwerbs.

3.2 Erstellung von Lernmaterialien

Die Erstellung von Lernmaterialien ist ein entscheidender Aspekt der Bildungslandschaft, insbesondere in einer Zeit, in der digitale Technologien zunehmend an Bedeutung gewinnen. ChatGPT bietet Lehrenden und Lernenden die Möglichkeit, maßgeschneiderte Materialien zu entwickeln, die auf spezifische Bedürfnisse und Lernziele abgestimmt sind. Diese Flexibilität fördert nicht nur das individuelle Lernen, sondern auch die Kreativität im Unterricht.

Ein wesentlicher Vorteil bei der Nutzung von ChatGPT zur Erstellung von Lernmaterialien ist die Fähigkeit zur Generierung vielfältiger Inhalte. Lehrkräfte können beispielsweise Arbeitsblätter, Quizfragen oder interaktive Übungen erstellen, die auf den Kenntnisstand ihrer Schüler zugeschnitten sind. Durch einfache Eingaben kann die KI relevante Themen aufgreifen und diese in ansprechende Formate umwandeln. Dies spart nicht nur Zeit, sondern ermöglicht es Lehrenden auch, sich stärker auf den Unterricht selbst zu konzentrieren.

Darüber hinaus unterstützt ChatGPT bei der Anpassung bestehender Materialien. Lehrer können vorhandene Texte oder Aufgaben eingeben und erhalten Vorschläge zur Verbesserung oder Differenzierung für verschiedene Leistungsniveaus. Diese Funktion ist besonders wertvoll in heterogenen Klassenräumen, wo unterschiedliche Lernstile und -geschwindigkeiten berücksichtigt werden müssen.

Ein weiterer Aspekt ist die Integration multimedialer Elemente in Lernmaterialien. ChatGPT kann Anleitungen zur Einbindung von Videos, Grafiken oder interaktiven Elementen geben, was das Lernen anschaulicher und interessanter gestaltet. Solche Materialien fördern nicht nur das Verständnis komplexer Themen, sondern steigern auch die Motivation der Lernenden durch abwechslungsreiche Präsentationsformen.

Zusätzlich ermöglicht die KI eine kontinuierliche Aktualisierung der Inhalte. In einer schnelllebigen Welt ist es wichtig, dass Lehrmaterialien stets relevant bleiben. ChatGPT kann aktuelle Informationen bereitstellen und somit sicherstellen, dass das Lernen immer auf dem neuesten Stand erfolgt.

Insgesamt lässt sich sagen, dass ChatGPT als Werkzeug zur Erstellung von Lernmaterialien einen bedeutenden Beitrag zur Verbesserung des Bildungsprozesses leistet. Die Kombination aus Individualisierung, Effizienz und kreativen Möglichkeiten macht es zu einem unverzichtbaren Partner für Lehrende und Lernende gleichermaßen.

3.3 Feedback und Bewertung von Arbeiten

Feedback und Bewertung sind zentrale Elemente im Bildungsprozess, die entscheidend zur Lernentwicklung der Schüler beitragen. In einer Zeit, in der digitale Technologien zunehmend Einzug in den Unterricht halten, bietet ChatGPT innovative Ansätze zur Unterstützung dieser Prozesse. Die KI kann Lehrenden helfen, qualitativ hochwertiges Feedback zu geben und die Bewertung von Arbeiten effizienter zu gestalten.

Ein wesentlicher Vorteil von ChatGPT ist die Möglichkeit, personalisiertes Feedback zu generieren. Lehrer können Texte oder Aufgabenstellungen eingeben und erhalten sofortige Rückmeldungen zu Inhalt, Struktur und Stil. Diese Funktion ermöglicht es Lehrkräften, gezielt auf individuelle Stärken und Schwächen ihrer Schüler einzugehen. So können sie spezifische Verbesserungsvorschläge machen, die auf den jeweiligen Kenntnisstand abgestimmt sind.

Darüber hinaus kann ChatGPT bei der Erstellung von Bewertungsrubriken unterstützen. Durch die Eingabe von Kriterien für verschiedene Leistungsniveaus kann die KI Vorschläge für eine transparente und faire Bewertung liefern. Dies fördert nicht nur das Verständnis der Schüler für die Anforderungen an ihre Arbeiten, sondern erleichtert auch den Lehrern die objektive Beurteilung. Eine klare Rubrik hilft zudem dabei, Missverständnisse über Erwartungen zu vermeiden.

Ein weiterer Aspekt ist die Möglichkeit zur automatisierten Analyse von schriftlichen Arbeiten. ChatGPT kann Muster in den Texten erkennen und Hinweise auf häufige Fehler oder Verbesserungspotenziale geben. Diese Analyse kann sowohl für Lehrer als auch für Schüler wertvoll sein: Lehrer sparen Zeit bei der Korrektur, während Schüler gezielte Anregungen zur Verbesserung ihrer Schreibfähigkeiten erhalten.

Zusätzlich fördert ChatGPT eine Kultur des kontinuierlichen Lernens durch regelmäßiges Feedback. Anstatt einmal am Ende eines Projekts Rückmeldung zu geben, können Lehrer mithilfe der KI fortlaufend Kommentare abgeben. Dies unterstützt einen dynamischen Lernprozess und ermutigt Schüler dazu, ihre Arbeiten schrittweise zu verbessern.

Insgesamt lässt sich sagen, dass ChatGPT ein wertvolles Werkzeug für das Feedback- und Bewertungsverfahren darstellt. Die Kombination aus individualisiertem Feedback, transparenten Bewertungsmaßstäben und automatisierter Analyse trägt dazu bei, den Bildungsprozess effektiver und ansprechender zu gestalten.

4
Berufliche Anwendungen von ChatGPT

4.1 Automatisierung von Arbeitsabläufen

Die Automatisierung von Arbeitsabläufen ist ein entscheidender Aspekt der modernen Geschäftswelt, der durch den Einsatz von Künstlicher Intelligenz (KI) wie ChatGPT revolutioniert wird. In einer Zeit, in der Effizienz und Produktivität oberste Priorität haben, ermöglicht die Integration solcher Technologien Unternehmen, repetitive Aufgaben zu minimieren und sich auf strategische Entscheidungen zu konzentrieren.

Ein Beispiel für die Automatisierung ist die Bearbeitung von Kundenanfragen. ChatGPT kann als virtueller Assistent fungieren, der rund um die Uhr verfügbar ist und Anfragen in Echtzeit beantwortet. Dies reduziert nicht nur die Wartezeiten für Kunden, sondern entlastet auch das Personal, sodass es sich auf komplexere Anliegen konzentrieren kann. Die Fähigkeit von ChatGPT, aus vorherigen Interaktionen zu lernen und personalisierte Antworten zu geben, verbessert zudem die Kundenzufriedenheit erheblich.

Darüber hinaus kann ChatGPT in der Datenanalyse eingesetzt werden. Unternehmen sammeln riesige Mengen an Daten, deren Auswertung oft zeitaufwendig ist. Durch den Einsatz von KI können Muster schneller erkannt und relevante Informationen extrahiert werden. Dies führt zu fundierteren Entscheidungen und einer schnelleren Reaktion auf Marktveränderungen.

Ein weiterer Bereich der Automatisierung betrifft administrative Aufgaben wie Terminplanung oder Dokumentenerstellung. ChatGPT kann automatisch Meetings koordinieren oder Standarddokumente generieren, was den Verwaltungsaufwand erheblich verringert. Diese Art der Automatisierung spart nicht nur Zeit, sondern minimiert auch menschliche Fehler bei Routineaufgaben.

Die Implementierung solcher automatisierten Systeme erfordert jedoch eine sorgfältige Planung und Schulung des Personals. Es ist wichtig sicherzustellen, dass Mitarbeiter mit den neuen Technologien vertraut sind und deren Potenzial voll ausschöpfen können. Zudem müssen ethische Überlegungen angestellt werden: Wie viel Verantwortung sollte an KI-Systeme delegiert werden? Welche Daten dürfen verarbeitet werden?

Insgesamt zeigt sich, dass die Automatisierung von Arbeitsabläufen durch Technologien wie ChatGPT nicht nur eine Effizienzsteigerung mit sich bringt, sondern auch neue Möglichkeiten zur Verbesserung des Kundenservice und zur Unterstützung strategischer Entscheidungen eröffnet.

4.2 Unterstützung bei der Entscheidungsfindung

Die Unterstützung bei der Entscheidungsfindung ist ein zentrales Element, das die Effizienz und Effektivität von Unternehmen erheblich steigern kann. In einer zunehmend komplexen Geschäftswelt, in der Datenmengen exponentiell wachsen, bietet ChatGPT eine wertvolle Hilfe, um fundierte Entscheidungen zu treffen. Durch die Analyse von Daten und die Bereitstellung von relevanten Informationen ermöglicht es Führungskräften, strategische Überlegungen besser zu untermauern.

Ein wesentlicher Vorteil von ChatGPT liegt in seiner Fähigkeit, große Datenmengen schnell zu verarbeiten und Muster zu erkennen. Dies ist besonders nützlich in Bereichen wie Marktanalysen oder Kundenverhalten. Beispielsweise kann ChatGPT Trends identifizieren, die für das Unternehmen entscheidend sind, und diese Informationen in verständlicher Form aufbereiten. Dadurch können Entscheidungsträger schneller auf Veränderungen im Markt reagieren und ihre Strategien entsprechend anpassen.

Darüber hinaus kann ChatGPT als interaktives Tool fungieren, das Szenarien simuliert und verschiedene Handlungsoptionen bewertet. Indem es hypothetische Ergebnisse basierend auf unterschiedlichen Eingaben generiert, unterstützt es Manager dabei, die potenziellen Auswirkungen ihrer Entscheidungen besser abzuschätzen. Diese Art der Simulation fördert nicht nur ein tieferes Verständnis für mögliche Risiken und Chancen, sondern stärkt auch das Vertrauen in den Entscheidungsprozess.

Ein weiterer Aspekt ist die Möglichkeit zur Personalisierung der Entscheidungsunterstützung. ChatGPT kann spezifische Unternehmensdaten integrieren und maßgeschneiderte Empfehlungen geben. Dies bedeutet, dass jede Entscheidung auf den einzigartigen Kontext des Unternehmens abgestimmt werden kann. Die Kombination aus datengetriebenen Erkenntnissen und individueller Anpassung führt zu einer höheren Relevanz der Vorschläge.

Schließlich spielt auch die kontinuierliche Lernfähigkeit von ChatGPT eine entscheidende Rolle bei der Verbesserung des Entscheidungsprozesses. Mit jeder Interaktion lernt das System dazu und wird somit immer präziser in seinen Analysen und Empfehlungen. Diese dynamische Anpassungsfähigkeit stellt sicher, dass Unternehmen nicht nur reaktiv handeln können, sondern proaktiv strategische Vorteile erlangen.

4.3 Verbesserung der Kommunikation im Team

Die Verbesserung der Kommunikation im Team ist ein entscheidender Faktor für den Erfolg eines Unternehmens. In einer Zeit, in der Remote-Arbeit und hybride Arbeitsmodelle zunehmend verbreitet sind, wird die Notwendigkeit klarer und effektiver Kommunikationskanäle immer wichtiger. ChatGPT kann hierbei als wertvolles Werkzeug fungieren, um Missverständnisse zu minimieren und den Austausch von Informationen zu optimieren.

Ein zentraler Aspekt der Teamkommunikation ist die Möglichkeit, Informationen schnell und präzise auszutauschen. ChatGPT kann als interaktives Kommunikationsmittel eingesetzt werden, das Fragen in Echtzeit beantwortet und somit den Informationsfluss innerhalb des Teams fördert. Durch die Bereitstellung von sofortigen Antworten auf häufige Anfragen oder durch das Teilen von relevanten Dokumenten können Mitarbeiter ihre Zeit effizienter nutzen und sich auf ihre Kernaufgaben konzentrieren.

Darüber hinaus unterstützt ChatGPT die Erstellung von Protokollen und Zusammenfassungen aus Meetings oder Diskussionen. Diese Funktion ermöglicht es Teams, wichtige Punkte festzuhalten und sicherzustellen, dass alle Mitglieder auf dem gleichen Stand sind. Die automatisierte Dokumentation reduziert nicht nur den Aufwand für manuelle Notizen, sondern sorgt auch dafür, dass keine wichtigen Informationen verloren gehen.

Ein weiterer Vorteil liegt in der Förderung einer offenen Kommunikationskultur. ChatGPT kann anonymisierte Umfragen oder Feedback-Formulare erstellen, um Meinungen und Vorschläge der Teammitglieder einzuholen. Dies schafft eine Plattform für konstruktive Rückmeldungen und ermutigt Mitarbeiter dazu, ihre Ideen ohne Angst vor negativen Konsequenzen zu teilen.

Zusätzlich kann ChatGPT bei der Übersetzung von Inhalten helfen, insbesondere in internationalen Teams mit unterschiedlichen Sprachkenntnissen. Durch die Bereitstellung von mehrsprachigen Antworten wird sichergestellt, dass alle Teammitglieder Zugang zu denselben Informationen haben und Missverständnisse aufgrund sprachlicher Barrieren vermieden werden.

Insgesamt trägt die Integration von ChatGPT zur Verbesserung der Kommunikation im Team erheblich bei. Indem es als unterstützendes Tool fungiert, fördert es nicht nur den Austausch von Informationen, sondern stärkt auch das Gemeinschaftsgefühl innerhalb des Teams.

5
Kreativität und Ideenfindung mit ChatGPT

5.1 Brainstorming-Techniken mit KI

In der heutigen schnelllebigen und technologiegetriebenen Welt ist die Fähigkeit zur kreativen Ideenfindung von entscheidender Bedeutung. Die Integration von Künstlicher Intelligenz, insbesondere durch Tools wie ChatGPT, revolutioniert den Prozess des Brainstormings. Diese Technologien bieten nicht nur Unterstützung bei der Generierung neuer Ideen, sondern fördern auch eine kollaborative Denkweise, die in traditionellen Settings oft fehlt.

Eine der effektivsten Techniken für das Brainstorming mit KI ist die **Assoziationstechnik**. Hierbei wird ein Ausgangswort oder -thema eingegeben, und ChatGPT generiert eine Liste von verwandten Begriffen oder Konzepten. Diese Methode hilft dabei, neue Perspektiven zu entdecken und Verbindungen zwischen scheinbar unzusammenhängenden Ideen herzustellen. Beispielsweise könnte ein Unternehmen, das an einem neuen Produkt arbeitet, „Nachhaltigkeit" als Ausgangspunkt verwenden und durch die Vorschläge von ChatGPT auf innovative Materialien oder Herstellungsverfahren stoßen.

Ein weiterer Ansatz ist die **Reverse-Brainstorming-Technik**, bei der Nutzer zunächst darüber nachdenken, wie sie ein Problem verschärfen könnten. Indem sie negative Aspekte identifizieren und diese dann umkehren, können kreative Lösungen entstehen. ChatGPT kann hier als Sparringspartner fungieren und alternative Sichtweisen anbieten, die möglicherweise übersehen wurden.

Zudem ermöglicht die **Kollaboration in Echtzeit** durch KI-gestützte Plattformen eine dynamische Interaktion zwischen mehreren Nutzern. Teams können gemeinsam an einem Dokument arbeiten, während ChatGPT Vorschläge in Echtzeit liefert. Dies fördert nicht nur den kreativen Austausch unter den Teammitgliedern, sondern sorgt auch dafür, dass alle Stimmen gehört werden – unabhängig von ihrer Position im Unternehmen.

Abschließend lässt sich sagen, dass Brainstorming-Techniken mit KI nicht nur den kreativen Prozess bereichern, sondern auch dazu beitragen können, innovative Lösungen schneller zu finden. Die Kombination aus menschlicher Kreativität und maschineller Intelligenz eröffnet neue Horizonte für individuelles sowie kollektives Denken.

5.2 Unterstützung beim Schreiben von Texten

Die Unterstützung beim Schreiben von Texten ist ein zentrales Element der kreativen Nutzung von Künstlicher Intelligenz, insbesondere durch Tools wie ChatGPT. In einer Zeit, in der Inhalte schnell und effizient erstellt werden müssen, bietet KI eine wertvolle Hilfe, um Schreibprozesse zu optimieren und die Qualität der Texte zu verbessern. Diese Technologie kann nicht nur als Inspirationsquelle dienen, sondern auch als aktiver Partner im Schreibprozess fungieren.

Ein wesentlicher Vorteil der KI-gestützten Textunterstützung liegt in ihrer Fähigkeit, verschiedene Schreibstile und -formate zu adaptieren. Nutzer können spezifische Anforderungen angeben, sei es für einen formellen Bericht, einen kreativen Blogbeitrag oder eine technische Anleitung. ChatGPT analysiert diese Vorgaben und generiert Texte, die den gewünschten Ton und Stil treffen. Dies ermöglicht es Autoren, sich auf den Inhalt zu konzentrieren, während die KI die sprachlichen Feinheiten übernimmt.

Darüber hinaus kann ChatGPT bei der Strukturierung von Texten helfen. Oftmals stehen Autoren vor der Herausforderung, ihre Gedanken klar und logisch zu gliedern. Die KI kann Vorschläge zur Gliederung machen oder sogar komplette Entwürfe erstellen, die dann weiter verfeinert werden können. Diese Funktion ist besonders nützlich für längere Texte wie Essays oder Bücher, wo eine klare Struktur entscheidend für das Verständnis des Lesers ist.

Ein weiterer Aspekt ist die Möglichkeit zur Überarbeitung und Verbesserung bestehender Texte. Nutzer können ihre Entwürfe eingeben und erhalten sofortige Rückmeldungen sowie Verbesserungsvorschläge hinsichtlich Grammatik, Stil und Klarheit. Dies fördert nicht nur die Qualität des Endprodukts, sondern hilft auch dabei, das eigene Schreibniveau kontinuierlich zu steigern.

Zusammenfassend lässt sich sagen, dass die Unterstützung beim Schreiben von Texten durch KI-Tools wie ChatGPT nicht nur den kreativen Prozess bereichert, sondern auch dazu beiträgt, effizientere Arbeitsabläufe zu schaffen. Die Kombination aus menschlicher Kreativität und maschineller Intelligenz eröffnet neue Möglichkeiten für Schriftsteller aller Art.

5.3 Generierung kreativer Inhalte

Die Generierung kreativer Inhalte ist ein entscheidender Aspekt der Nutzung von Künstlicher Intelligenz, insbesondere durch Tools wie ChatGPT. In einer Welt, in der kreative Ideen und innovative Ansätze gefragt sind, bietet KI eine Plattform, um neue Perspektiven zu entwickeln und den kreativen Prozess zu bereichern. Die Fähigkeit von ChatGPT, verschiedene Genres und Stile zu adaptieren, eröffnet Autoren und Kreativen neue Möglichkeiten zur Ideenfindung.

Ein bemerkenswerter Vorteil bei der Generierung kreativer Inhalte ist die Möglichkeit zur Zusammenarbeit zwischen Mensch und Maschine. Nutzer können mit ChatGPT interagieren, indem sie spezifische Themen oder Konzepte angeben. Die KI kann dann Vorschläge für Geschichten, Gedichte oder sogar Drehbücher liefern. Diese Interaktion fördert nicht nur die Kreativität des Nutzers, sondern ermöglicht auch das Experimentieren mit unkonventionellen Ideen. Beispielsweise könnte ein Autor eine einfache Prämisse eingeben und erhält daraufhin mehrere alternative Handlungsstränge oder Charakterentwicklungen.

Darüber hinaus kann ChatGPT als Inspirationsquelle dienen, wenn es darum geht, kreative Blockaden zu überwinden. Oftmals stehen Schriftsteller vor dem Problem des leeren Blattes; hier kann die KI helfen, indem sie Anregungen gibt oder Fragen stellt, die den Denkprozess anregen. Ein Beispiel hierfür wäre das Stellen von hypothetischen Fragen: „Was würde passieren, wenn…?" Solche Impulse können dazu führen, dass Autoren neue Wege erkunden und ihre Gedanken in unerwartete Richtungen lenken.

Ein weiterer wichtiger Aspekt ist die Anpassungsfähigkeit der generierten Inhalte an unterschiedliche Zielgruppen. Ob für Kinderliteratur oder wissenschaftliche Artikel – ChatGPT kann den Tonfall und Stil entsprechend modifizieren. Dies ermöglicht es Kreativen nicht nur, ihre Botschaften klarer zu kommunizieren, sondern auch sicherzustellen, dass ihre Inhalte bei der gewünschten Zielgruppe Resonanz finden.

Zusammenfassend lässt sich sagen, dass die Generierung kreativer Inhalte durch KI-Tools wie ChatGPT nicht nur den kreativen Prozess unterstützt, sondern auch neue Dimensionen des Schaffens eröffnet. Die Kombination aus menschlicher Vorstellungskraft und maschineller Intelligenz schafft ein dynamisches Umfeld für Innovationen in der Content-Erstellung.

6
Persönliche Organisation durch ChatGPT

6.1 Zeitmanagement und Planungshilfen

In der heutigen schnelllebigen Welt ist effektives Zeitmanagement unerlässlich, um sowohl berufliche als auch persönliche Ziele zu erreichen. Die Integration von Künstlicher Intelligenz, insbesondere durch Tools wie ChatGPT, bietet innovative Ansätze zur Optimierung der eigenen Planung und Organisation. Diese Technologien können nicht nur helfen, den Überblick über Aufgaben zu behalten, sondern auch die Effizienz bei der Erledigung dieser Aufgaben erheblich steigern.

Ein zentraler Aspekt des Zeitmanagements ist die Priorisierung von Aufgaben. ChatGPT kann hierbei unterstützen, indem es hilft, eine Liste von To-Dos zu erstellen und diese nach Dringlichkeit und Wichtigkeit zu sortieren. Durch einfache Eingaben kann der Nutzer seine täglichen oder wöchentlichen Aufgaben strukturieren und erhält Vorschläge zur optimalen Reihenfolge ihrer Erledigung. Dies fördert nicht nur die Produktivität, sondern reduziert auch Stress durch klare Handlungsanweisungen.

Darüber hinaus kann ChatGPT als persönlicher Assistent fungieren, der Erinnerungen für wichtige Termine oder Fristen setzt. Nutzer können einfach ihre Verpflichtungen eingeben und erhalten rechtzeitig Benachrichtigungen. Diese Funktionalität ist besonders wertvoll für Menschen mit einem vollen Terminkalender oder für diejenigen, die Schwierigkeiten haben, sich an alle Details zu erinnern.

- Erstellung von To-Do-Listen: ChatGPT hilft beim Organisieren von Aufgaben in einer übersichtlichen Liste.
- Priorisierung: Unterstützung bei der Einstufung von Aufgaben nach Dringlichkeit und Wichtigkeit.
- Erinnerungsfunktionen: Automatisierte Benachrichtigungen für bevorstehende Termine oder Fristen.

Ein weiterer Vorteil ist die Möglichkeit zur Reflexion über vergangene Aktivitäten. Nutzer können ChatGPT nutzen, um Rückmeldungen zu ihren Fortschritten zu erhalten und Strategien zur Verbesserung ihrer Zeitnutzung zu entwickeln. Indem sie regelmäßig ihre Ergebnisse analysieren lassen, können sie Muster erkennen und Anpassungen vornehmen, um ihre Effizienz weiter zu steigern.

Zusammenfassend lässt sich sagen, dass die Kombination aus traditionellem Zeitmanagement und modernen KI-Technologien wie ChatGPT eine leistungsstarke Methode darstellt, um persönliche Organisation auf ein neues Level zu heben. Die Möglichkeiten sind vielfältig und bieten jedem Einzelnen das Potenzial für eine bessere Kontrolle über seine Zeitressourcen.

6.2 Aufgabenverwaltung und To-Do-Listen

Die effektive Verwaltung von Aufgaben ist ein entscheidender Bestandteil der persönlichen Organisation. In einer Welt, in der Ablenkungen allgegenwärtig sind und die Anforderungen an unsere Zeit ständig steigen, wird die Fähigkeit, Aufgaben systematisch zu erfassen und zu priorisieren, immer wichtiger. Hier kommt ChatGPT ins Spiel: Als intelligentes Tool kann es nicht nur bei der Erstellung von To-Do-Listen helfen, sondern auch dabei, diese Listen dynamisch anzupassen und zu optimieren.

Ein wesentlicher Vorteil der Nutzung von ChatGPT für die Aufgabenverwaltung liegt in seiner Flexibilität. Nutzer können ihre Aufgaben in verschiedenen Kategorien organisieren – sei es nach Projekten, Dringlichkeit oder Fälligkeitsterminen. Diese Kategorisierung ermöglicht eine klare Übersicht über alle Verpflichtungen und hilft dabei, den Fokus auf das Wesentliche zu legen. Beispielsweise könnte ein Nutzer seine beruflichen Aufgaben von persönlichen Verpflichtungen trennen, um so gezielter arbeiten zu können.

Darüber hinaus bietet ChatGPT die Möglichkeit zur Priorisierung von Aufgaben durch intelligente Algorithmen. Anstatt sich allein auf subjektive Einschätzungen zu verlassen, kann das Tool Vorschläge zur Reihenfolge der Erledigung basierend auf festgelegten Kriterien machen. Dies fördert nicht nur die Effizienz, sondern minimiert auch das Risiko von Überlastung oder dem Vergessen wichtiger Fristen.

Ein weiterer Aspekt ist die Integration von Erinnerungsfunktionen. Nutzer können spezifische Zeitpunkte für Erinnerungen festlegen, sodass sie rechtzeitig an bevorstehende Deadlines erinnert werden. Diese Funktion ist besonders nützlich für Menschen mit einem vollen Terminkalender oder für diejenigen, die Schwierigkeiten haben, sich an alle Details ihrer täglichen Verpflichtungen zu erinnern.

Zusätzlich zur reinen Aufgabenverwaltung ermöglicht ChatGPT auch eine Reflexion über bereits erledigte Tätigkeiten. Durch regelmäßige Rückmeldungen können Nutzer ihre Fortschritte analysieren und gegebenenfalls Anpassungen vornehmen. Diese Selbstreflexion trägt dazu bei, Muster im eigenen Arbeitsverhalten zu erkennen und Strategien zur weiteren Verbesserung der Effizienz zu entwickeln.

Insgesamt zeigt sich, dass die Kombination aus traditioneller Aufgabenverwaltung und modernen KI-Technologien wie ChatGPT eine wertvolle Unterstützung im Alltag darstellt. Die Möglichkeiten sind vielfältig und bieten jedem Einzelnen das Potenzial für eine bessere Kontrolle über seine Zeitressourcen sowie eine gesteigerte Produktivität.

6.3 Erinnerungen und Benachrichtigungen

Die Integration von Erinnerungen und Benachrichtigungen in die persönliche Organisation ist ein entscheidender Faktor für die Steigerung der Produktivität und das Zeitmanagement. In einer Welt, in der wir ständig mit Informationen überflutet werden, können gezielte Erinnerungen helfen, den Überblick zu behalten und wichtige Aufgaben nicht aus den Augen zu verlieren. ChatGPT bietet hier innovative Ansätze, um diese Funktionalitäten effektiv zu nutzen.

Ein zentraler Aspekt der Erinnerungsfunktion ist die Anpassungsfähigkeit an individuelle Bedürfnisse. Nutzer können spezifische Zeitpunkte oder wiederkehrende Ereignisse festlegen, sodass sie rechtzeitig an bevorstehende Fristen oder Meetings erinnert werden. Diese Flexibilität ermöglicht es, sowohl kurzfristige als auch langfristige Ziele im Blick zu behalten. Beispielsweise könnte ein Nutzer eine Erinnerung für wöchentliche Teammeetings einstellen oder sich täglich an persönliche Gesundheitsziele erinnern lassen.

Darüber hinaus kann ChatGPT durch intelligente Algorithmen personalisierte Benachrichtigungen erstellen, die auf dem bisherigen Verhalten des Nutzers basieren. Wenn jemand häufig vergisst, bestimmte Aufgaben zu erledigen, kann das System proaktiv Vorschläge zur optimalen Zeit für eine Erinnerung machen. Dies fördert nicht nur die Effizienz, sondern hilft auch dabei, Stresssituationen zu vermeiden, die durch vergessene Verpflichtungen entstehen können.

Ein weiterer Vorteil ist die Möglichkeit der Integration von Erinnerungen in andere digitale Tools und Plattformen. Durch Schnittstellen zu Kalenderanwendungen oder Projektmanagement-Tools kann ChatGPT nahtlos in bestehende Arbeitsabläufe eingebunden werden. So erhalten Nutzer alle relevanten Informationen an einem Ort und müssen nicht zwischen verschiedenen Anwendungen wechseln.

Zusätzlich zur reinen Erinnerung bietet ChatGPT auch Feedback-Funktionen an. Nach Erledigung einer Aufgabe kann der Nutzer reflektieren, ob er seine Zeit gut genutzt hat oder ob Anpassungen notwendig sind. Diese Selbstreflexion unterstützt nicht nur das persönliche Wachstum, sondern trägt auch dazu bei, zukünftige Planungen effektiver zu gestalten.

Insgesamt zeigt sich, dass Erinnerungen und Benachrichtigungen durch den Einsatz von KI-Technologien wie ChatGPT einen wesentlichen Beitrag zur persönlichen Organisation leisten können. Sie ermöglichen es den Nutzern, ihre Zeit besser zu managen und ihre Ziele effizienter zu erreichen.

7
Ethische Überlegungen zur Nutzung von KI

7.1 Datenschutz und Datensicherheit

In der heutigen digitalen Ära, in der Künstliche Intelligenz (KI) zunehmend in unseren Alltag integriert wird, ist der Schutz personenbezogener Daten von zentraler Bedeutung. Die Nutzung von KI-Systemen wie ChatGPT erfordert den Umgang mit großen Mengen an Daten, die oft sensible Informationen enthalten. Daher ist es unerlässlich, dass sowohl Entwickler als auch Nutzer sich intensiv mit den Aspekten des Datenschutzes und der Datensicherheit auseinandersetzen.

Ein zentrales Anliegen im Bereich des Datenschutzes ist die Einhaltung gesetzlicher Vorgaben wie der Datenschutz-Grundverordnung (DSGVO) in Europa. Diese Verordnung legt strenge Richtlinien fest, wie personenbezogene Daten erhoben, verarbeitet und gespeichert werden dürfen. Unternehmen müssen sicherstellen, dass sie über transparente Verfahren verfügen und die Zustimmung der Nutzer einholen, bevor sie deren Daten verwenden. Dies gilt insbesondere für KI-Anwendungen, die auf maschinellem Lernen basieren und große Datenmengen analysieren.

Darüber hinaus spielt die Datensicherheit eine entscheidende Rolle beim Schutz vor unbefugtem Zugriff und Missbrauch von Informationen. Techniken wie Verschlüsselung und Anonymisierung sind essenziell, um sicherzustellen, dass selbst im Falle eines Datenlecks keine sensiblen Informationen offengelegt werden können. Unternehmen sollten robuste Sicherheitsprotokolle implementieren und regelmäßig Sicherheitsüberprüfungen durchführen, um potenzielle Schwachstellen zu identifizieren.

- Die Implementierung von Zugangskontrollen kann helfen, unbefugten Zugriff auf vertrauliche Daten zu verhindern.
- Regelmäßige Schulungen für Mitarbeiter über bewährte Praktiken im Umgang mit Daten sind unerlässlich.
- Die Verwendung von anonymisierten Datensätzen zur Schulung von KI-Modellen kann das Risiko eines Datenschutzvorfalls verringern.

Zusammenfassend lässt sich sagen, dass Datenschutz und Datensicherheit nicht nur rechtliche Anforderungen sind, sondern auch das Vertrauen der Nutzer in KI-Technologien stärken können. Indem Unternehmen proaktive Maßnahmen ergreifen und eine Kultur des verantwortungsvollen Umgangs mit Daten fördern, können sie nicht nur gesetzliche Vorgaben erfüllen, sondern auch einen Wettbewerbsvorteil erzielen.

7.2 Bias in KI-Modellen

Bias in Künstlichen Intelligenz (KI)-Modellen ist ein zentrales Thema, das sowohl ethische als auch technische Herausforderungen mit sich bringt. Die Verzerrung von Daten kann zu diskriminierenden Ergebnissen führen und das Vertrauen der Nutzer in KI-Systeme untergraben. Es ist entscheidend, die Ursachen und Auswirkungen von Bias zu verstehen, um verantwortungsvolle KI-Entwicklung zu fördern.

Ein wesentlicher Faktor für Bias in KI-Modellen ist die Qualität der Trainingsdaten. Wenn diese Daten nicht repräsentativ sind oder historische Vorurteile widerspiegeln, wird das Modell diese Verzerrungen übernehmen. Beispielsweise können Gesichtserkennungssysteme, die hauptsächlich mit Bildern von hellhäutigen Personen trainiert wurden, bei der Erkennung von dunkelhäutigen Personen versagen oder falsche Ergebnisse liefern. Solche Vorurteile können schwerwiegende Folgen haben, insbesondere in sensiblen Bereichen wie Strafverfolgung oder Personalwesen.

Die Identifikation und Minderung von Bias erfordert einen mehrstufigen Ansatz. Zunächst sollten Entwickler sicherstellen, dass die verwendeten Datensätze diversifiziert und inklusiv sind. Dies kann durch gezielte Datensammlung geschehen, um unterrepräsentierte Gruppen einzubeziehen. Darüber hinaus sollten Techniken wie Fairness-Algorithmen eingesetzt werden, um Verzerrungen während des Trainingsprozesses aktiv zu erkennen und zu korrigieren.

Ein weiterer wichtiger Aspekt ist die Transparenz der Algorithmen selbst. Unternehmen sollten offenlegen, welche Daten verwendet werden und wie Entscheidungen getroffen werden. Dies fördert nicht nur das Vertrauen der Nutzer, sondern ermöglicht auch eine externe Überprüfung auf mögliche Bias-Probleme. Ein Beispiel hierfür ist die Verwendung von Audits durch unabhängige Dritte zur Bewertung der Fairness von KI-Systemen.

Zusammenfassend lässt sich sagen, dass Bias in KI-Modellen ein komplexes Problem darstellt, das sorgfältige Aufmerksamkeit erfordert. Durch bewusste Entscheidungen bei der Datenauswahl und -verarbeitung sowie durch transparente Praktiken können Entwickler dazu beitragen, faireergebnisse zu erzielen und das Potenzial von KI-Technologien voll auszuschöpfen.

7.3 Verantwortungsvoller Umgang mit Technologie

Der verantwortungsvolle Umgang mit Technologie, insbesondere im Kontext der Künstlichen Intelligenz (KI), ist von entscheidender Bedeutung für die Schaffung einer ethischen und nachhaltigen digitalen Zukunft. In einer Zeit, in der KI-Systeme zunehmend in verschiedenen Lebensbereichen integriert werden, müssen Entwickler, Unternehmen und Nutzer sich ihrer Verantwortung bewusst sein und aktiv Maßnahmen ergreifen, um negative Auswirkungen zu minimieren.

Ein zentraler Aspekt des verantwortungsvollen Umgangs mit Technologie ist die Förderung von Transparenz. Nutzer sollten verstehen können, wie KI-Modelle funktionieren und welche Daten ihnen zugrunde liegen. Dies kann durch klare Kommunikation seitens der Entwickler erreicht werden, die nicht nur die Funktionsweise ihrer Systeme erklären, sondern auch auf mögliche Risiken hinweisen. Ein Beispiel hierfür sind Unternehmen, die ihre Algorithmen regelmäßig überprüfen lassen und diese Ergebnisse öffentlich zugänglich machen.

Darüber hinaus spielt Bildung eine wesentliche Rolle. Sowohl Entwickler als auch Endnutzer sollten über die Grundlagen der KI informiert sein. Schulungsprogramme und Workshops können dazu beitragen, ein besseres Verständnis für die Funktionsweise von KI zu schaffen und das Bewusstsein für ethische Fragestellungen zu schärfen. Wenn Nutzer wissen, wie sie Technologien kritisch hinterfragen können, sind sie besser gerüstet, um informierte Entscheidungen zu treffen.

Ein weiterer wichtiger Punkt ist die Berücksichtigung der sozialen Auswirkungen von KI-Technologien. Bei der Entwicklung neuer Anwendungen sollte stets geprüft werden, wie diese das Leben von Menschen beeinflussen könnten. Beispielsweise könnte eine neue Rekrutierungssoftware unbewusste Vorurteile verstärken oder bestimmte Gruppen benachteiligen. Hierbei ist es wichtig, interdisziplinäre Teams einzubeziehen, um verschiedene Perspektiven zu berücksichtigen und potenzielle Probleme frühzeitig zu identifizieren.

Zusammenfassend lässt sich sagen, dass ein verantwortungsvoller Umgang mit Technologie nicht nur technische Maßnahmen erfordert, sondern auch einen kulturellen Wandel innerhalb der Organisationen sowie in der Gesellschaft insgesamt anstoßen muss. Nur durch gemeinsames Handeln können wir sicherstellen, dass KI-Technologien zum Wohl aller eingesetzt werden.

8
Herausforderungen im Umgang mit KI

8.1 Technologische Abhängigkeit

In der heutigen digitalen Ära ist die technologische Abhängigkeit ein zentrales Thema, das sowohl Chancen als auch Herausforderungen mit sich bringt. Die Integration von Künstlicher Intelligenz (KI) in unseren Alltag hat dazu geführt, dass wir zunehmend auf diese Technologien angewiesen sind, um alltägliche Aufgaben zu bewältigen und Entscheidungen zu treffen. Diese Abhängigkeit kann jedoch auch negative Auswirkungen haben, insbesondere wenn es um die Kontrolle über unsere Daten und die Entscheidungsfindung geht.

Ein Beispiel für technologische Abhängigkeit zeigt sich in der Nutzung von KI-gestützten Anwendungen wie ChatGPT. Während diese Tools uns helfen können, Informationen schnell zu verarbeiten und kreative Lösungen zu finden, besteht die Gefahr, dass wir uns zu sehr auf sie verlassen. Dies kann dazu führen, dass wir kritisches Denken und Problemlösungsfähigkeiten vernachlässigen. Wenn Menschen beispielsweise bei der Erstellung von Inhalten oder beim Lernen neuer Konzepte ausschließlich auf KI zurückgreifen, könnte dies ihre Fähigkeit beeinträchtigen, eigenständig zu denken und komplexe Probleme zu lösen.

Ein weiterer Aspekt der technologischen Abhängigkeit ist die Frage der Datensicherheit. Viele KI-Anwendungen erfordern den Zugriff auf persönliche Daten, um effektiv arbeiten zu können. Dies führt zu Bedenken hinsichtlich des Datenschutzes und der Sicherheit unserer Informationen. Nutzer müssen sich bewusst sein, welche Daten sie teilen und wie diese verwendet werden könnten. Ein Missbrauch dieser Daten durch Dritte kann schwerwiegende Folgen haben.

Zusätzlich zur Datensicherheit gibt es auch ethische Überlegungen im Zusammenhang mit der technologischen Abhängigkeit von KI-Systemen. Die Entscheidungen, die von diesen Systemen getroffen werden – sei es in Bereichen wie Personalwesen oder Kreditvergabe – können Vorurteile verstärken oder unfaire Praktiken fördern. Daher ist es entscheidend, dass Entwickler und Unternehmen verantwortungsbewusst mit KI umgehen und sicherstellen, dass ihre Systeme transparent und gerecht sind.

Abschließend lässt sich sagen, dass technologische Abhängigkeit sowohl Vorteile als auch Risiken birgt. Es liegt an uns als Gesellschaft, einen ausgewogenen Umgang mit diesen Technologien zu finden – einerseits deren Potenziale auszuschöpfen und andererseits kritisch gegenüber den damit verbundenen Herausforderungen zu bleiben.

8.2 Missbrauchsmöglichkeiten von KI

Die rasante Entwicklung und Integration von Künstlicher Intelligenz (KI) in verschiedenen Lebensbereichen bringt nicht nur zahlreiche Vorteile mit sich, sondern eröffnet auch ein breites Spektrum an Missbrauchsmöglichkeiten. Diese Risiken sind besonders relevant, da sie sowohl individuelle als auch gesellschaftliche Auswirkungen haben können.

Ein zentrales Problem ist der Einsatz von KI zur Erstellung und Verbreitung von Fehlinformationen. Mit Hilfe fortschrittlicher Algorithmen können täuschend echte Texte, Bilder oder Videos generiert werden, die gezielt zur Manipulation der öffentlichen Meinung eingesetzt werden. Ein Beispiel hierfür ist die Verwendung von Deepfakes, bei denen das Gesicht einer Person auf ein Video einer anderen Person übertragen wird. Solche Technologien können für politische Propaganda oder zur Rufschädigung verwendet werden und stellen eine ernsthafte Bedrohung für die Integrität demokratischer Prozesse dar.

Ein weiterer Aspekt des Missbrauchs ist die Überwachung und Kontrolle durch staatliche oder private Akteure. KI-gestützte Systeme ermöglichen eine umfassende Analyse von Datenströmen, was zu invasiven Überwachungspraktiken führen kann. Die Kombination aus Gesichtserkennungstechnologie und Big Data kann dazu genutzt werden, Bürger ohne deren Wissen zu überwachen und ihre Bewegungen sowie Verhaltensmuster zu analysieren. Dies wirft erhebliche ethische Fragen auf und gefährdet grundlegende Menschenrechte wie das Recht auf Privatsphäre.

Zudem besteht die Gefahr des Missbrauchs im Bereich der Automatisierung von Entscheidungsprozessen. Wenn KI-Systeme in sensiblen Bereichen wie Strafjustiz oder Kreditvergabe eingesetzt werden, können sie bestehende Vorurteile verstärken oder diskriminierende Entscheidungen treffen. Ohne angemessene Aufsicht könnten solche Systeme unbewusst rassistische oder geschlechtsspezifische Diskriminierung perpetuieren, was weitreichende soziale Ungerechtigkeiten nach sich ziehen könnte.

Abschließend lässt sich sagen, dass es unerlässlich ist, klare Richtlinien und ethische Standards für den Umgang mit KI zu entwickeln. Nur so kann verhindert werden, dass diese mächtigen Technologien missbraucht werden und stattdessen zum Wohle der Gesellschaft eingesetzt werden.

8.3 Gesellschaftliche Auswirkungen

Die gesellschaftlichen Auswirkungen von Künstlicher Intelligenz (KI) sind vielschichtig und betreffen nahezu alle Lebensbereiche. Während KI das Potenzial hat, Effizienz und Innovation zu fördern, bringt sie auch Herausforderungen mit sich, die tief in die sozialen Strukturen eingreifen können. Ein zentrales Anliegen ist die Frage der Ungleichheit: Der Zugang zu KI-Technologien ist oft ungleich verteilt, was bestehende soziale und wirtschaftliche Unterschiede verstärken kann.

Ein Beispiel hierfür ist der Arbeitsmarkt. Automatisierung durch KI führt dazu, dass viele traditionelle Berufe obsolet werden. Insbesondere geringqualifizierte Arbeitskräfte sind gefährdet, während hochqualifizierte Fachkräfte von den neuen Technologien profitieren können. Dies könnte zu einer Polarisierung des Arbeitsmarktes führen, bei der eine kleine Gruppe von Menschen überproportional profitiert, während andere zurückgelassen werden. Die Herausforderung besteht darin, geeignete Bildungs- und Umschulungsprogramme zu entwickeln, um diesen Wandel abzufedern.

Ein weiterer Aspekt betrifft die ethischen Implikationen des Einsatzes von KI in sensiblen Bereichen wie Gesundheitswesen oder Strafjustiz. Hier können algorithmische Entscheidungen nicht nur fehlerhaft sein, sondern auch Vorurteile reproduzieren oder verstärken. Wenn beispielsweise ein KI-System zur Risikobewertung im Strafrecht eingesetzt wird und auf historischen Daten basiert, könnte es unbewusst diskriminierende Muster perpetuieren. Solche Entwicklungen werfen grundlegende Fragen nach Gerechtigkeit und Fairness auf.

Zusätzlich beeinflusst KI auch unsere zwischenmenschlichen Beziehungen und Kommunikationsformen. Soziale Medien nutzen bereits KI-Algorithmen zur Personalisierung von Inhalten, was dazu führen kann, dass Nutzer in Echokammern gefangen sind und ihre Sichtweisen nicht hinterfragen. Diese Dynamik kann gesellschaftliche Spaltungen vertiefen und das Vertrauen in öffentliche Institutionen untergraben.

Insgesamt erfordert der Umgang mit den gesellschaftlichen Auswirkungen von KI einen interdisziplinären Ansatz sowie eine enge Zusammenarbeit zwischen Technologieentwicklern, Politikern und der Zivilgesellschaft. Nur durch einen offenen Dialog können wir sicherstellen, dass die Vorteile von KI gerecht verteilt werden und negative Folgen minimiert werden.

9
Praktische Tipps für die Nutzung von ChatGPT

9.1 Effektive Fragestellungen formulieren

Die Formulierung effektiver Fragestellungen ist entscheidend für die erfolgreiche Interaktion mit ChatGPT. Eine präzise und durchdachte Frage kann den Unterschied zwischen einer hilfreichen Antwort und einer ungenauen oder irrelevanten Information ausmachen. In diesem Abschnitt werden verschiedene Strategien vorgestellt, um Fragen so zu gestalten, dass sie die besten Ergebnisse liefern.

Zunächst ist es wichtig, den Kontext der Anfrage klar zu definieren. Wenn Sie beispielsweise Informationen zu einem bestimmten Thema suchen, sollten Sie relevante Details angeben, wie etwa spezifische Aspekte oder Perspektiven, die Sie interessieren. Anstatt einfach zu fragen: „Was sind die Vorteile von KI?", könnte eine gezielte Frage lauten: „Welche Vorteile bietet KI in der Gesundheitsversorgung?" Diese Spezifizierung hilft dem Modell, relevantere und fokussierte Antworten zu generieren.

Ein weiterer wichtiger Aspekt ist die Verwendung von offenen Fragen. Offene Fragen fördern ausführlichere Antworten und ermöglichen es ChatGPT, umfassendere Informationen bereitzustellen. Statt „Ist KI nützlich?" könnte man fragen: „In welchen Bereichen hat sich gezeigt, dass KI signifikante Verbesserungen bringt?" Solche Formulierungen laden dazu ein, tiefere Einblicke und Beispiele zu erhalten.

Zusätzlich sollten Nutzer darauf achten, ihre Fragen strukturiert zu formulieren. Komplexe Anfragen können in mehrere einfache Teilfragen untergliedert werden. Dies erleichtert nicht nur das Verständnis für das Modell, sondern erhöht auch die Wahrscheinlichkeit präziser Antworten. Beispielsweise könnte eine komplexe Anfrage wie „Wie funktioniert maschinelles Lernen und welche Anwendungen gibt es dafür?" in zwei separate Fragen aufgeteilt werden: „Was sind die Grundlagen des maschinellen Lernens?" und „Welche praktischen Anwendungen existieren für maschinelles Lernen?"

Schließlich ist es hilfreich, Feedback zur Antwort von ChatGPT zu geben oder nachzufragen, wenn etwas unklar bleibt. Durch Nachfragen wie „Könnten Sie das näher erläutern?" oder „Gibt es weitere Beispiele dazu?" wird der Dialog vertieft und ermöglicht eine bessere Klärung der gewünschten Informationen.

9.2 Interaktion optimieren

Die Optimierung der Interaktion mit ChatGPT ist ein entscheidender Schritt, um die Qualität und Relevanz der erhaltenen Antworten zu steigern. Eine effektive Kommunikation mit dem Modell kann nicht nur die Effizienz erhöhen, sondern auch das Nutzererlebnis erheblich verbessern. In diesem Abschnitt werden verschiedene Strategien vorgestellt, um die Interaktion gezielt zu optimieren.

Zunächst ist es wichtig, den Dialog aktiv zu gestalten. Anstatt eine einmalige Frage zu stellen und auf eine Antwort zu warten, sollten Nutzer den Austausch als fortlaufenden Prozess betrachten. Dies bedeutet, dass sie bereit sein sollten, nachzufragen oder zusätzliche Informationen bereitzustellen, um die Antwort weiter zu verfeinern. Ein Beispiel hierfür könnte sein: „Könnten Sie das näher erläutern?" oder „Gibt es spezifische Beispiele für diese Anwendung?". Solche Nachfragen fördern einen tiefergehenden Dialog und helfen dabei, präzisere Informationen zu erhalten.

Ein weiterer Aspekt der Optimierung ist die Verwendung von Kontextualisierung. Wenn Nutzer ihre Fragen in einen größeren Zusammenhang stellen können, verbessert dies oft die Qualität der Antworten. Beispielsweise könnte jemand fragen: „Wie hat sich KI in den letzten fünf Jahren entwickelt und welche Trends sind erkennbar?" Diese Art von Fragen ermöglicht es ChatGPT, umfassendere und relevantere Informationen bereitzustellen.

Zusätzlich sollten Nutzer darauf achten, ihre Erwartungen klar zu kommunizieren. Wenn bestimmte Formate oder Detailstufen gewünscht sind – etwa eine Zusammenfassung versus eine detaillierte Analyse – sollte dies explizit erwähnt werden. Eine Anfrage wie „Bitte geben Sie mir eine kurze Übersicht über die Vorteile von KI im Bildungsbereich" führt wahrscheinlich zu einer anderen Antwort als „Erklären Sie mir ausführlich die Vorteile von KI im Bildungsbereich."

Schließlich spielt auch das Feedback zur Qualität der Antworten eine wesentliche Rolle bei der Optimierung der Interaktion. Indem Nutzer Rückmeldungen geben wie „Das war hilfreich" oder „Ich benötige mehr Details", tragen sie dazu bei, dass zukünftige Antworten besser auf ihre Bedürfnisse abgestimmt werden können. Diese Rückkopplungsschleife fördert nicht nur ein besseres Verständnis des Modells für individuelle Präferenzen, sondern verbessert auch insgesamt die Benutzererfahrung.

9.3 Fehler erkennen und korrigieren

Die Fähigkeit, Fehler in den Antworten von ChatGPT zu erkennen und zu korrigieren, ist entscheidend für eine effektive Nutzung des Modells. Diese Kompetenz ermöglicht es Nutzern, die Qualität der Informationen zu verbessern und Missverständnisse zu vermeiden. In diesem Abschnitt werden Strategien vorgestellt, um Fehler systematisch zu identifizieren und geeignete Korrekturmaßnahmen einzuleiten.

Zunächst ist es wichtig, ein kritisches Auge auf die erhaltenen Antworten zu haben. Nutzer sollten sich bewusst sein, dass ChatGPT zwar leistungsstark ist, jedoch nicht unfehlbar. Ein Beispiel könnte eine Antwort sein, die historische Fakten falsch darstellt oder aktuelle Ereignisse missinterpretiert. Um solche Fehler zu erkennen, empfiehlt es sich, grundlegende Kenntnisse über das Thema zu haben oder zusätzliche Quellen zurate zu ziehen.

Ein weiterer Schritt zur Fehlererkennung besteht darin, spezifische Fragen zu stellen. Anstatt allgemeine Anfragen wie „Erzählen Sie mir von der Geschichte der KI" zu stellen, könnte man präzisere Fragen formulieren: „Welche Rolle spielte Alan Turing in der Entwicklung der KI?" Solche gezielten Fragen helfen dabei, die Genauigkeit der Antworten besser einschätzen zu können und eventuelle Ungenauigkeiten schneller aufzudecken.

Sobald ein Fehler identifiziert wurde, ist es wichtig, diesen aktiv anzusprechen. Nutzer sollten nicht zögern, nachzufragen oder um Klarstellung zu bitten: „Das scheint nicht korrekt zu sein; könnten Sie das bitte überprüfen?" Diese Art von Rückmeldung kann dazu beitragen, dass das Modell seine zukünftigen Antworten anpasst und verbessert.

Zusätzlich kann das Dokumentieren von häufigen Fehlern hilfreich sein. Wenn Nutzer regelmäßig mit bestimmten Themen arbeiten oder ähnliche Fragen stellen, lohnt es sich möglicherweise, eine Liste typischer Missverständnisse oder falscher Informationen anzulegen. Dies fördert nicht nur das eigene Lernen sondern hilft auch anderen Nutzern im Austausch über ihre Erfahrungen mit dem Modell.

Abschließend lässt sich sagen, dass die Fähigkeit zur Fehlererkennung und -korrektur einen aktiven Dialog zwischen dem Nutzer und ChatGPT fördert. Durch kritisches Denken und gezielte Nachfragen wird nicht nur die Qualität der Interaktion erhöht; auch das Verständnis für komplexe Themen wird vertieft.

10
Fallstudien erfolgreicher Anwendungen

10.1 Bildungseinrichtungen, die ChatGPT nutzen

Die Integration von Künstlicher Intelligenz in Bildungseinrichtungen hat das Potenzial, den Lernprozess erheblich zu transformieren. Insbesondere ChatGPT wird zunehmend als wertvolles Werkzeug in Schulen und Universitäten eingesetzt, um Lehrkräfte und Studierende zu unterstützen. Diese Technologie ermöglicht es, personalisierte Lernumgebungen zu schaffen, die auf die individuellen Bedürfnisse der Lernenden zugeschnitten sind.

Ein Beispiel für den Einsatz von ChatGPT ist an vielen Hochschulen zu beobachten, wo es als Tutor fungiert. Studierende können Fragen zu komplexen Themen stellen und erhalten sofortige Antworten oder Erklärungen. Dies fördert nicht nur das selbstständige Lernen, sondern entlastet auch Lehrkräfte von Routinefragen, sodass sie sich auf tiefere Diskussionen und individuelle Unterstützung konzentrieren können.

Darüber hinaus nutzen einige Schulen ChatGPT zur Erstellung von Lehrmaterialien. Lehrer können mithilfe der KI schnell Arbeitsblätter, Quizfragen oder sogar komplette Unterrichtspläne generieren. Dies spart Zeit und ermöglicht es den Lehrkräften, sich mehr auf die Interaktion mit ihren Schülern zu konzentrieren. Ein weiterer Vorteil ist die Möglichkeit der Anpassung: Die Inhalte können leicht modifiziert werden, um unterschiedlichen Lernstilen gerecht zu werden.

Ein innovatives Beispiel ist eine internationale Schule in Deutschland, die ChatGPT in ihren Sprachkursen einsetzt. Hierbei wird die KI genutzt, um Konversationsübungen durchzuführen und den Schülern Feedback zu ihrer Aussprache und Grammatik zu geben. Diese interaktive Methode hat gezeigt, dass sie das Engagement der Schüler erhöht und ihnen hilft, schneller Fortschritte zu machen.

Zusätzlich gibt es Initiativen zur Nutzung von ChatGPT in der beruflichen Weiterbildung. Unternehmen setzen diese Technologie ein, um Schulungsprogramme anzupassen und Mitarbeiterschulungen effizienter zu gestalten. Durch maßgeschneiderte Inhalte können Mitarbeiter gezielt gefördert werden.

Insgesamt zeigt sich, dass Bildungseinrichtungen durch den Einsatz von ChatGPT nicht nur ihre Effizienz steigern können, sondern auch eine dynamischere und ansprechendere Lernumgebung schaffen. Die Möglichkeiten sind vielfältig und bieten sowohl Lehrenden als auch Lernenden neue Perspektiven im Bildungsbereich.

10.2 Unternehmen, die durch KI profitieren

Die Integration von Künstlicher Intelligenz (KI) in Unternehmen hat sich als entscheidender Faktor für Wettbewerbsfähigkeit und Innovation erwiesen. Viele Unternehmen nutzen KI-Technologien, um ihre Prozesse zu optimieren, Kundenbeziehungen zu verbessern und neue Geschäftsmöglichkeiten zu erschließen. Diese Entwicklungen sind nicht nur auf große Konzerne beschränkt; auch kleine und mittelständische Unternehmen profitieren zunehmend von den Möglichkeiten, die KI bietet.

Ein herausragendes Beispiel ist der Einzelhandelsriese Amazon, der KI-gestützte Algorithmen einsetzt, um personalisierte Einkaufserlebnisse zu schaffen. Durch die Analyse von Kaufverhalten und Vorlieben kann Amazon gezielte Produktempfehlungen aussprechen, was die Kundenzufriedenheit erhöht und den Umsatz steigert. Darüber hinaus optimiert das Unternehmen seine Logistikprozesse mithilfe von KI, um Lieferzeiten zu verkürzen und Kosten zu senken.

Ein weiteres Beispiel ist die Automobilindustrie, wo Unternehmen wie Tesla fortschrittliche KI-Systeme zur Entwicklung autonomer Fahrzeuge einsetzen. Diese Technologien ermöglichen es Fahrzeugen, ihre Umgebung in Echtzeit wahrzunehmen und Entscheidungen basierend auf komplexen Datenanalysen zu treffen. Dies führt nicht nur zu sichereren Fahrbedingungen, sondern eröffnet auch neue Geschäftsmodelle im Bereich Mobilität.

Kleinere Unternehmen nutzen ebenfalls KI zur Effizienzsteigerung. Ein Start-up im Bereich Gesundheitswesen hat eine KI-basierte Plattform entwickelt, die Patienten mit passenden Ärzten verbindet und dabei Wartezeiten minimiert. Durch den Einsatz von Machine Learning kann das System kontinuierlich lernen und sich anpassen, was die Nutzererfahrung verbessert.

Zusammenfassend lässt sich sagen, dass Unternehmen aller Größenordnungen durch den Einsatz von Künstlicher Intelligenz erhebliche Vorteile erzielen können. Die Fähigkeit zur Datenanalyse und -verarbeitung ermöglicht es ihnen nicht nur, betriebliche Abläufe zu optimieren, sondern auch innovative Produkte und Dienstleistungen anzubieten. In einer zunehmend digitalisierten Welt wird der strategische Einsatz von KI somit zum Schlüssel für nachhaltigen Erfolg.

10.3 Kreative Projekte mit Hilfe von ChatGPT

Die Nutzung von ChatGPT für kreative Projekte hat in den letzten Jahren an Bedeutung gewonnen und bietet eine Vielzahl von Möglichkeiten, um innovative Ideen zu entwickeln und umzusetzen. Diese KI-gestützte Technologie ermöglicht es Nutzern, ihre kreativen Prozesse zu optimieren, indem sie Inspiration liefert, Texte generiert oder sogar bei der Entwicklung komplexer Konzepte unterstützt.

Ein bemerkenswertes Beispiel ist die Anwendung von ChatGPT im Bereich des kreativen Schreibens. Autoren nutzen die KI, um neue Perspektiven zu gewinnen oder Schreibblockaden zu überwinden. Durch das Eingeben von Themen oder ersten Sätzen kann ChatGPT Vorschläge für Handlungsstränge, Charakterentwicklungen oder Dialoge liefern. Dies fördert nicht nur die Kreativität, sondern beschleunigt auch den Schreibprozess erheblich.

Darüber hinaus finden sich Anwendungen in der Musikproduktion. Musiker experimentieren mit ChatGPT, um Songtexte zu erstellen oder musikalische Ideen zu entwickeln. Die KI kann verschiedene Stile und Genres analysieren und darauf basierend Texte generieren, die als Grundlage für neue Lieder dienen können. Dies eröffnet Künstlern neue Wege zur Inspiration und Zusammenarbeit.

Im Bereich des Grafikdesigns wird ChatGPT ebenfalls eingesetzt, um kreative Briefings zu erstellen oder Designkonzepte zu skizzieren. Designer können der KI Anweisungen geben und erhalten daraufhin Vorschläge für Farbpaletten, Layouts oder visuelle Elemente. Diese Interaktion fördert einen dynamischen kreativen Prozess und ermöglicht es Designern, schneller auf Kundenwünsche einzugehen.

- **Kreatives Schreiben:** Unterstützung bei der Entwicklung von Geschichten und Charakteren.
- **Musikproduktion:** Generierung von Songtexten und musikalischen Ideen.
- **Grafikdesign:** Erstellung von Designkonzepten und visuellen Elementen.

Zusammenfassend lässt sich sagen, dass ChatGPT eine wertvolle Ressource für kreative Projekte darstellt. Die Fähigkeit der KI, auf vielfältige Weise kreativ tätig zu sein, eröffnet neue Horizonte für Künstler aller Disziplinen. Indem sie als Partner im kreativen Prozess fungiert, trägt sie dazu bei, Innovationen voranzutreiben und die Grenzen des Möglichen neu zu definieren.

11
Die Zukunft der Künstlichen Intelligenz

11.1 Trends in der KI-Entwicklung

Die Entwicklung der Künstlichen Intelligenz (KI) ist ein dynamischer Prozess, der von zahlreichen Trends geprägt wird, die sowohl technologische als auch gesellschaftliche Dimensionen umfassen. Diese Trends sind entscheidend für das Verständnis, wie KI in Zukunft unser Leben beeinflussen wird und welche Herausforderungen sowie Chancen sich daraus ergeben.

Ein herausragender Trend ist die zunehmende Integration von KI in verschiedene Branchen. Unternehmen setzen verstärkt auf KI-gestützte Lösungen, um Effizienz zu steigern und Kosten zu senken. Beispielsweise nutzen viele Firmen maschinelles Lernen zur Analyse großer Datenmengen, was ihnen ermöglicht, fundierte Entscheidungen schneller zu treffen. In der Gesundheitsbranche werden KI-Systeme entwickelt, die Diagnosen unterstützen und personalisierte Behandlungspläne erstellen können.

Ein weiterer bedeutender Trend ist die Verbesserung der Interaktion zwischen Mensch und Maschine. Fortschritte in der natürlichen Sprachverarbeitung (NLP) haben dazu geführt, dass Systeme wie ChatGPT nicht nur Texte generieren, sondern auch komplexe Konversationen führen können. Dies eröffnet neue Möglichkeiten für den Kundenservice und die persönliche Assistenz. Die Benutzerfreundlichkeit dieser Technologien wird durch intuitive Schnittstellen weiter erhöht.

Darüber hinaus gewinnt das Thema Ethik in der KI-Entwicklung zunehmend an Bedeutung. Mit dem wachsenden Einfluss von KI auf das tägliche Leben stellen sich Fragen nach Datenschutz, Bias und Verantwortung. Unternehmen sind gefordert, transparente Richtlinien zu entwickeln und sicherzustellen, dass ihre Systeme fair und verantwortungsvoll eingesetzt werden.

Schließlich beobachten wir einen Trend hin zur Demokratisierung von KI-Technologien. Tools zur Entwicklung von KI-Anwendungen werden immer zugänglicher, sodass auch Personen ohne tiefgehende technische Kenntnisse innovative Lösungen schaffen können. Plattformen bieten mittlerweile einfache Möglichkeiten zur Implementierung von KI-Funktionen in bestehende Anwendungen oder zur Erstellung neuer Produkte.

Zusammenfassend lässt sich sagen, dass die Trends in der KI-Entwicklung nicht nur technologische Innovationen vorantreiben, sondern auch tiefgreifende gesellschaftliche Veränderungen mit sich bringen. Die Fähigkeit von Individuen und Organisationen, diese Entwicklungen zu verstehen und aktiv mitzugestalten, wird entscheidend sein für eine positive Zukunft mit Künstlicher Intelligenz.

11.2 Potenzielle neue Anwendungsgebiete

Die Künstliche Intelligenz (KI) hat das Potenzial, in einer Vielzahl von Bereichen transformative Veränderungen herbeizuführen. Während viele bestehende Anwendungen bereits gut etabliert sind, gibt es zahlreiche potenzielle neue Anwendungsgebiete, die noch weitgehend unerforscht sind. Diese neuen Möglichkeiten könnten nicht nur die Effizienz steigern, sondern auch innovative Lösungen für komplexe Probleme bieten.

Ein vielversprechendes Anwendungsgebiet ist die Landwirtschaft. Durch den Einsatz von KI-gestützten Systemen können Landwirte präzisere Vorhersagen über Ernteerträge treffen und den Einsatz von Ressourcen wie Wasser und Düngemitteln optimieren. Sensoren und Drohnen, die mit KI-Technologien ausgestattet sind, ermöglichen eine detaillierte Überwachung der Felder und helfen dabei, Schädlinge frühzeitig zu erkennen.

Ein weiteres spannendes Feld ist die Bildung. KI kann personalisierte Lernumgebungen schaffen, die auf die individuellen Bedürfnisse der Schüler zugeschnitten sind. Adaptive Lernplattformen könnten den Fortschritt jedes Schülers analysieren und maßgeschneiderte Inhalte bereitstellen, um das Lernen effektiver zu gestalten. Dies könnte insbesondere in unterversorgten Regionen einen erheblichen Einfluss haben.

Im Bereich des Umweltschutzes bietet KI ebenfalls vielversprechende Ansätze. Durch Datenanalyse können Muster im Klimawandel identifiziert werden, was eine gezielte Reaktion auf Umweltveränderungen ermöglicht. Zudem können KI-Systeme bei der Überwachung von Wildtieren eingesetzt werden, um gefährdete Arten besser zu schützen und illegale Aktivitäten wie Wilderei zu bekämpfen.

Schließlich könnte auch der Bereich des kreativen Schaffens durch KI revolutioniert werden. Künstlerische Anwendungen von KI reichen von Musikkomposition bis hin zur Erstellung visueller Kunstwerke. Diese Technologien eröffnen neue Wege für kreative Ausdrucksformen und fördern interdisziplinäre Zusammenarbeit zwischen Künstlern und Technikern.

Zusammenfassend lässt sich sagen, dass die potenziellen neuen Anwendungsgebiete der Künstlichen Intelligenz nicht nur technologische Innovationen vorantreiben können, sondern auch bedeutende gesellschaftliche Herausforderungen adressieren könnten. Die Fähigkeit zur Anpassung an diese neuen Möglichkeiten wird entscheidend sein für eine nachhaltige Zukunft.

11.3 Visionen für eine KI-gesteuerte Gesellschaft

Die Vorstellung einer KI-gesteuerten Gesellschaft ist nicht nur ein technisches Konzept, sondern auch eine tiefgreifende Vision, die das Potenzial hat, unsere Lebensweise grundlegend zu verändern. In dieser Zukunft könnten Künstliche Intelligenzen nicht nur als Werkzeuge fungieren, sondern als integrale Partner in verschiedenen Lebensbereichen agieren. Diese Partnerschaft könnte sowohl im beruflichen als auch im privaten Sektor neue Dimensionen eröffnen.

Ein zentrales Element dieser Vision ist die Schaffung intelligenter Städte, in denen KI-Systeme den urbanen Raum effizienter gestalten. Durch den Einsatz von Datenanalysen und maschinellem Lernen könnten Verkehrsflüsse optimiert, Energieverbrauch minimiert und öffentliche Dienstleistungen verbessert werden. Beispielsweise könnten intelligente Verkehrssysteme Staus in Echtzeit erkennen und alternative Routen vorschlagen, was zu einer Reduzierung der Umweltbelastung führen würde.

Im Gesundheitswesen könnte eine KI-gesteuerte Gesellschaft bedeutende Fortschritte bei der Diagnose und Behandlung von Krankheiten ermöglichen. Durch die Analyse großer Datenmengen aus Patientenakten könnten personalisierte Behandlungspläne entwickelt werden, die auf genetischen Informationen basieren. Dies würde nicht nur die Effizienz der medizinischen Versorgung steigern, sondern auch die Lebensqualität der Patienten erheblich verbessern.

Ein weiterer Aspekt ist die Rolle von KI in der Arbeitswelt. Automatisierung könnte viele repetitive Aufgaben übernehmen und den Menschen ermöglichen, sich auf kreative und strategische Tätigkeiten zu konzentrieren. Dies könnte zu einer Neudefinition von Arbeit führen, wobei Fähigkeiten wie kritisches Denken und emotionale Intelligenz an Bedeutung gewinnen würden.

Schließlich spielt Bildung eine entscheidende Rolle in dieser Vision. Eine KI-gestützte Lernumgebung könnte jedem Individuum maßgeschneiderte Bildungsangebote bieten und so Chancengleichheit fördern. Insbesondere benachteiligte Gruppen könnten durch gezielte Unterstützung Zugang zu qualitativ hochwertiger Bildung erhalten.

Zusammenfassend lässt sich sagen, dass die Vision einer KI-gesteuerten Gesellschaft weitreichende Implikationen für alle Lebensbereiche hat. Die Herausforderungen liegen jedoch darin, ethische Standards zu setzen und sicherzustellen, dass diese Technologien zum Wohle aller eingesetzt werden.

12
Integration von ChatGPT in bestehende Systeme

12.1 API-Nutzung für Entwickler

Die Nutzung von APIs (Application Programming Interfaces) ist ein entscheidender Aspekt bei der Integration von ChatGPT in bestehende Systeme. APIs ermöglichen es Entwicklern, auf die Funktionen und Daten von ChatGPT zuzugreifen, ohne die zugrunde liegende Technologie selbst implementieren zu müssen. Dies eröffnet eine Vielzahl von Anwendungsmöglichkeiten, die über einfache Textgenerierung hinausgehen.

Ein zentraler Vorteil der API-Nutzung ist die Flexibilität, die sie Entwicklern bietet. Sie können ChatGPT in verschiedene Anwendungen integrieren, sei es in Webanwendungen, mobile Apps oder sogar in IoT-Geräte. Die API ermöglicht es, spezifische Anfragen an das Modell zu stellen und maßgeschneiderte Antworten zu erhalten. Beispielsweise könnte ein Entwickler eine Anwendung erstellen, die Benutzern hilft, ihre Schreibfähigkeiten zu verbessern, indem sie Feedback und Vorschläge zur Verbesserung ihrer Texte erhält.

Darüber hinaus unterstützt die API auch mehrere Programmiersprachen und Plattformen. Entwickler können mit gängigen Sprachen wie Python, JavaScript oder Ruby arbeiten und so ihre bevorzugte Entwicklungsumgebung nutzen. Die Dokumentation zur API ist umfassend und bietet Beispiele sowie Tutorials, um den Einstieg zu erleichtern. Dies reduziert nicht nur den Lernaufwand für neue Benutzer, sondern fördert auch eine schnellere Implementierung.

Ein weiterer wichtiger Aspekt ist die Skalierbarkeit der API-Nutzung. Unternehmen können je nach Bedarf Ressourcen hinzufügen oder reduzieren und so sicherstellen, dass sie nur für das bezahlen, was sie tatsächlich nutzen. Diese Flexibilität ist besonders vorteilhaft für Start-ups oder kleine Unternehmen mit begrenztem Budget.

Schließlich sollten Entwickler auch ethische Überlegungen im Zusammenhang mit der Nutzung von KI-APIs berücksichtigen. Es ist wichtig sicherzustellen, dass die generierten Inhalte verantwortungsbewusst verwendet werden und keine schädlichen Auswirkungen auf Benutzer haben. Durch transparente Praktiken und klare Richtlinien kann das Vertrauen in KI-Anwendungen gestärkt werden.

12.2 Anpassung an individuelle Bedürfnisse

Die Anpassung von ChatGPT an individuelle Bedürfnisse ist ein entscheidender Schritt, um die Benutzererfahrung zu optimieren und die Effektivität der KI-gestützten Anwendungen zu maximieren. In einer Welt, in der personalisierte Lösungen zunehmend gefragt sind, ermöglicht die Flexibilität von ChatGPT eine maßgeschneiderte Integration in verschiedene Anwendungsbereiche.

Ein zentraler Aspekt dieser Anpassung ist die Möglichkeit, spezifische Modelle oder Konfigurationen zu entwickeln, die auf die Anforderungen einzelner Nutzer oder Unternehmen zugeschnitten sind. Beispielsweise können Unternehmen ihre eigenen Daten verwenden, um das Modell weiter zu trainieren und so sicherzustellen, dass es relevante Informationen und branchenspezifisches Wissen berücksichtigt. Dies kann besonders vorteilhaft für Sektoren wie Gesundheitswesen oder Finanzdienstleistungen sein, wo präzise und kontextbezogene Antworten unerlässlich sind.

Darüber hinaus spielt das Feedback der Benutzer eine wesentliche Rolle bei der kontinuierlichen Verbesserung des Modells. Durch den Einsatz von Mechanismen zur Rückmeldung können Entwickler wertvolle Einblicke gewinnen, welche Funktionen am meisten geschätzt werden und wo Verbesserungsbedarf besteht. Diese iterative Herangehensweise fördert nicht nur die Benutzerzufriedenheit, sondern trägt auch dazu bei, dass das Modell dynamisch bleibt und sich an veränderte Anforderungen anpassen kann.

Ein weiterer wichtiger Punkt ist die Berücksichtigung kultureller Unterschiede und sprachlicher Nuancen. Die Anpassung von ChatGPT sollte auch regionale Besonderheiten berücksichtigen, um sicherzustellen, dass die Kommunikation effektiv und respektvoll erfolgt. Dies könnte durch mehrsprachige Unterstützung oder durch das Training des Modells mit lokal relevanten Inhalten erreicht werden.

Zusammenfassend lässt sich sagen, dass die Anpassung von ChatGPT an individuelle Bedürfnisse nicht nur eine technische Herausforderung darstellt, sondern auch eine strategische Notwendigkeit ist. Indem Unternehmen diese Möglichkeiten nutzen, können sie nicht nur ihre Effizienz steigern, sondern auch tiefere Beziehungen zu ihren Kunden aufbauen und letztlich einen Wettbewerbsvorteil erzielen.

12.3 Schnittstellen zu anderen Technologien

Die Integration von ChatGPT in bestehende Systeme erfordert eine sorgfältige Berücksichtigung der Schnittstellen zu anderen Technologien. Diese Schnittstellen sind entscheidend, um die Funktionalität und Interoperabilität von ChatGPT mit verschiedenen Softwarelösungen und Plattformen zu gewährleisten. In einer zunehmend vernetzten Welt ist es unerlässlich, dass KI-gestützte Anwendungen nahtlos mit bestehenden Systemen kommunizieren können.

Ein zentraler Aspekt dieser Schnittstellen ist die API (Application Programming Interface), die es Entwicklern ermöglicht, ChatGPT in ihre Anwendungen einzubinden. Durch gut definierte APIs können Unternehmen spezifische Funktionen von ChatGPT nutzen, ohne das gesamte System neu entwickeln zu müssen. Dies fördert nicht nur die Effizienz, sondern reduziert auch die Implementierungskosten erheblich.

Darüber hinaus spielt die Kompatibilität mit Cloud-Diensten eine wesentliche Rolle. Viele Unternehmen setzen auf Cloud-basierte Lösungen für ihre Datenverarbeitung und -speicherung. Die Fähigkeit von ChatGPT, sich in diese Umgebungen zu integrieren, ermöglicht es Nutzern, auf leistungsstarke Rechenressourcen zurückzugreifen und gleichzeitig sicherzustellen, dass ihre Daten sicher und zugänglich bleiben. Beispielsweise kann eine Integration mit Plattformen wie AWS oder Azure dazu beitragen, dass ChatGPT skalierbar bleibt und den Anforderungen wachsender Nutzerzahlen gerecht wird.

Ein weiterer wichtiger Punkt ist die Interoperabilität mit anderen KI-Technologien. Die Kombination von ChatGPT mit Machine Learning-Algorithmen oder Natural Language Processing (NLP) Tools kann die Leistungsfähigkeit der Anwendung erheblich steigern. So könnten beispielsweise Sentiment-Analyse-Tools genutzt werden, um die Stimmung der Benutzeranfragen besser zu verstehen und darauf basierend personalisierte Antworten zu generieren.

Zusammenfassend lässt sich sagen, dass die Entwicklung robuster Schnittstellen zwischen ChatGPT und anderen Technologien nicht nur technische Herausforderungen darstellt, sondern auch strategische Chancen bietet. Durch diese Integrationen können Unternehmen innovative Lösungen schaffen, die sowohl ihre Effizienz steigern als auch ihren Kunden einen echten Mehrwert bieten.

13
Community und Ressourcen rund um ChatGPT

13.1 Online-Communities und Foren

In der heutigen digitalen Ära spielen Online-Communities und Foren eine entscheidende Rolle bei der Verbreitung von Wissen und dem Austausch von Erfahrungen rund um Technologien wie ChatGPT. Diese Plattformen bieten nicht nur einen Raum für Diskussionen, sondern fördern auch die Zusammenarbeit und das Lernen unter Gleichgesinnten. Die Bedeutung solcher Communities kann nicht unterschätzt werden, da sie den Nutzern helfen, ihre Fähigkeiten zu erweitern und innovative Anwendungen für KI-Technologien zu entdecken.

Ein herausragendes Beispiel für eine solche Community ist Reddit, wo zahlreiche Subreddits existieren, die sich speziell mit Künstlicher Intelligenz und ChatGPT befassen. Hier können Nutzer Fragen stellen, ihre Erfahrungen teilen oder kreative Ideen austauschen. Diese Interaktionen sind oft sehr wertvoll, da sie aus einer Vielzahl von Perspektiven stammen und somit ein breiteres Verständnis für die Möglichkeiten und Herausforderungen von ChatGPT ermöglichen.

Darüber hinaus gibt es spezialisierte Foren wie Stack Overflow oder AI Dungeon, in denen Entwickler und Technikbegeisterte spezifische technische Probleme diskutieren oder Lösungen erarbeiten können. Solche Plattformen fördern nicht nur den Wissensaustausch, sondern bieten auch Unterstützung bei der Implementierung von ChatGPT in verschiedenen Projekten. Die Möglichkeit, direktes Feedback von erfahrenen Nutzern zu erhalten, ist besonders wertvoll für Anfänger.

Ein weiterer wichtiger Aspekt dieser Communities ist die Förderung ethischer Überlegungen im Umgang mit KI. In vielen Foren wird aktiv über die Verantwortung diskutiert, die mit der Nutzung solcher Technologien einhergeht. Dies trägt dazu bei, ein Bewusstsein für potenzielle Risiken zu schaffen und gleichzeitig Best Practices zu entwickeln.

Zusammenfassend lässt sich sagen, dass Online-Communities und Foren unverzichtbare Ressourcen sind für alle, die sich mit ChatGPT auseinandersetzen möchten. Sie bieten nicht nur Zugang zu Informationen und Unterstützung, sondern fördern auch eine Kultur des Lernens und des kreativen Austauschs. Durch aktive Teilnahme an diesen Plattformen können Nutzer ihr Wissen vertiefen und neue Anwendungsmöglichkeiten entdecken.

13.2 Weiterbildungsangebote und Kurse

Die rasante Entwicklung von Technologien wie ChatGPT hat zu einem wachsenden Bedarf an Weiterbildungsangeboten und Kursen geführt, die es Nutzern ermöglichen, ihre Kenntnisse in der Anwendung und Implementierung dieser KI-gestützten Systeme zu vertiefen. Diese Bildungsressourcen sind entscheidend, um sowohl Anfängern als auch erfahrenen Fachleuten die notwendigen Fähigkeiten zu vermitteln, um das volle Potenzial von ChatGPT auszuschöpfen.

Ein zentraler Aspekt dieser Weiterbildungsangebote ist die Vielfalt der Formate. Online-Kurse, Webinare und Workshops bieten flexible Lernmöglichkeiten, die sich leicht in den Alltag integrieren lassen. Plattformen wie Coursera, Udemy oder edX haben spezielle Kurse entwickelt, die sich auf Künstliche Intelligenz und maschinelles Lernen konzentrieren. Diese Kurse decken Themen ab wie die Grundlagen des maschinellen Lernens, spezifische Anwendungen von ChatGPT sowie ethische Überlegungen im Umgang mit KI.

Darüber hinaus bieten viele Universitäten und Bildungseinrichtungen Zertifikatsprogramme an, die eine tiefere Auseinandersetzung mit der Materie ermöglichen. Diese Programme kombinieren theoretisches Wissen mit praktischen Übungen und Projekten, wodurch Teilnehmer nicht nur lernen, wie man ChatGPT effektiv einsetzt, sondern auch eigene Projekte entwickeln können. Ein Beispiel hierfür ist das Programm „AI for Everyone" von Andrew Ng auf Coursera, das einen breiten Überblick über KI-Technologien bietet.

Ein weiterer wichtiger Punkt ist die Community-Orientierung vieler dieser Angebote. Viele Kurse fördern den Austausch zwischen den Teilnehmern durch Diskussionsforen oder Gruppenprojekte. Dies ermöglicht nicht nur das Lernen von Gleichgesinnten, sondern auch den Aufbau eines Netzwerks von Fachleuten im Bereich Künstliche Intelligenz.

Zusammenfassend lässt sich sagen, dass Weiterbildungsangebote und Kurse eine unverzichtbare Ressource für alle darstellen, die sich mit ChatGPT auseinandersetzen möchten. Sie bieten nicht nur Zugang zu wertvollem Wissen und praktischen Fähigkeiten, sondern tragen auch zur Schaffung einer informierten Gemeinschaft bei, die bereit ist, innovative Lösungen im Bereich der Künstlichen Intelligenz zu entwickeln.

13.3 Literaturhinweise für vertiefte Kenntnisse

Die Auseinandersetzung mit ChatGPT und ähnlichen KI-Technologien erfordert nicht nur praktische Erfahrungen, sondern auch ein fundiertes theoretisches Wissen. Literaturhinweise sind daher von entscheidender Bedeutung, um ein tieferes Verständnis der zugrunde liegenden Konzepte, Technologien und ethischen Fragestellungen zu erlangen. Diese Ressourcen bieten sowohl Anfängern als auch erfahrenen Fachleuten wertvolle Einblicke in die Funktionsweise von KI-Systemen.

Ein empfehlenswerter Einstieg ist das Buch **"Artificial Intelligence: A Guide to Intelligent Systems"** von Michael Negnevitsky. Es bietet eine umfassende Einführung in die Grundlagen der Künstlichen Intelligenz und behandelt verschiedene Ansätze, einschließlich maschinelles Lernen und neuronale Netze. Die klare Struktur des Buches ermöglicht es Lesern, schrittweise in komplexe Themen einzutauchen.

Für eine tiefere technische Perspektive ist **"Deep Learning"** von Ian Goodfellow, Yoshua Bengio und Aaron Courville unerlässlich. Dieses Werk gilt als Standardreferenz im Bereich des Deep Learning und erklärt detailliert die mathematischen Grundlagen sowie die praktischen Anwendungen dieser Technologie. Die Autoren beleuchten auch aktuelle Herausforderungen und zukünftige Entwicklungen im Bereich der KI.

Ethische Überlegungen sind ebenfalls ein zentraler Aspekt bei der Arbeit mit KI-Systemen wie ChatGPT. Das Buch **"Weapons of Math Destruction"** von Cathy O'Neil thematisiert die Gefahren algorithmischer Entscheidungen und deren Auswirkungen auf Gesellschaft und Individuen. O'Neils kritische Analyse regt dazu an, über den verantwortungsvollen Einsatz von KI nachzudenken.

Zusätzlich zu diesen Büchern gibt es zahlreiche wissenschaftliche Artikel und Konferenzbeiträge, die sich mit spezifischen Anwendungen von ChatGPT befassen. Plattformen wie arXiv bieten Zugang zu aktuellen Forschungsarbeiten, die neue Erkenntnisse über Sprachmodelle und deren Implementierung liefern.

Insgesamt stellen diese Literaturhinweise eine wertvolle Ressource dar, um das Wissen über ChatGPT zu vertiefen und sich kritisch mit den Herausforderungen auseinanderzusetzen, die diese Technologien mit sich bringen. Durch das Studium dieser Werke können Leser nicht nur ihre technischen Fähigkeiten erweitern, sondern auch ein Bewusstsein für die ethischen Implikationen entwickeln.

14
Vergleich zu anderen KI-Modellen

14.1 Unterschiede zwischen verschiedenen Modellen

Die Vielfalt der Künstlichen Intelligenz (KI) ist beeindruckend, und die Unterschiede zwischen den verschiedenen Modellen sind entscheidend für deren Anwendung in der Praxis. Jedes KI-Modell hat seine eigenen Stärken und Schwächen, die sich aus den zugrunde liegenden Algorithmen, Trainingsdaten und Anwendungsbereichen ergeben. Diese Unterschiede beeinflussen nicht nur die Leistung der Modelle, sondern auch ihre Eignung für spezifische Aufgaben.

Ein wesentlicher Unterschied liegt in der Architektur der Modelle. Während einige Modelle auf neuronalen Netzen basieren, nutzen andere regelbasierte Systeme oder Entscheidungsbäume. Neuronale Netze, wie sie bei ChatGPT verwendet werden, sind besonders gut darin, komplexe Muster in großen Datenmengen zu erkennen und zu verarbeiten. Im Gegensatz dazu können regelbasierte Systeme schneller Entscheidungen treffen, jedoch oft nur innerhalb eines engen Rahmens vordefinierter Regeln.

Ein weiterer wichtiger Aspekt ist das Training der Modelle. Einige KI-Modelle werden mit überwachten Lernmethoden trainiert, bei denen sie aus gekennzeichneten Daten lernen. Andere hingegen verwenden unüberwachtes Lernen oder verstärkendes Lernen, was ihnen ermöglicht, Muster selbstständig zu erkennen oder durch Interaktion mit ihrer Umgebung zu lernen. Diese unterschiedlichen Ansätze führen zu variierenden Ergebnissen in Bezug auf Genauigkeit und Flexibilität.

Die Anwendungsgebiete sind ebenfalls ein entscheidender Faktor für die Unterscheidung von KI-Modellen. Während ChatGPT hervorragend im Verstehen und Generieren von natürlicher Sprache ist und sich somit ideal für Konversationsanwendungen eignet, gibt es spezialisierte Modelle wie Bildklassifizierer oder Sprachsynthesizer, die jeweils auf ihre spezifischen Aufgaben optimiert sind. Solche Spezialisierungen ermöglichen eine höhere Effizienz und Genauigkeit in ihren jeweiligen Bereichen.

Zusammenfassend lässt sich sagen, dass die Unterschiede zwischen den verschiedenen KI-Modellen nicht nur technischer Natur sind; sie haben auch weitreichende Auswirkungen auf deren Einsatzmöglichkeiten im Alltag. Ein tiefes Verständnis dieser Unterschiede hilft Nutzern dabei, das passende Modell für ihre individuellen Bedürfnisse auszuwählen und optimal einzusetzen.

14.2 Stärken und Schwächen im Vergleich

Die Analyse der Stärken und Schwächen verschiedener KI-Modelle ist entscheidend, um deren Einsatzmöglichkeiten zu verstehen und die am besten geeigneten Lösungen für spezifische Probleme auszuwählen. Jedes Modell bringt einzigartige Vorteile mit sich, hat jedoch auch Einschränkungen, die in bestimmten Kontexten hinderlich sein können.

Ein herausragendes Merkmal neuronaler Netze, wie sie in Modellen wie ChatGPT verwendet werden, ist ihre Fähigkeit zur Verarbeitung komplexer Datenmuster. Diese Modelle sind besonders stark im Bereich der natürlichen Sprachverarbeitung (NLP), da sie große Mengen an Text analysieren und kontextuelle Bedeutungen erfassen können. Dies ermöglicht eine hohe Genauigkeit bei der Generierung von Texten oder der Beantwortung von Fragen. Im Gegensatz dazu haben regelbasierte Systeme den Vorteil einer schnellen Entscheidungsfindung innerhalb vordefinierter Parameter, was sie in stabilen Umgebungen effizient macht.

Allerdings zeigen neuronale Netze auch einige Schwächen. Sie benötigen umfangreiche Trainingsdaten und signifikante Rechenressourcen, was ihre Implementierung teuer machen kann. Zudem sind sie anfällig für Überanpassung, wenn das Training nicht sorgfältig durchgeführt wird. Regelbasierte Systeme hingegen können in dynamischen Umgebungen schnell veralten, da sie nicht in der Lage sind, aus neuen Daten zu lernen oder sich anzupassen.

Ein weiterer Aspekt ist die Flexibilität: Während neuronale Netze vielseitig einsetzbar sind und sich auf verschiedene Aufgaben anpassen lassen, erfordern spezialisierte Modelle oft maßgeschneiderte Ansätze für unterschiedliche Anwendungsfälle. Beispielsweise sind Bildklassifizierer hervorragend darin, visuelle Informationen zu verarbeiten, während Sprachsynthesizer speziell für die Erzeugung von Sprache optimiert sind.

Zusammenfassend lässt sich sagen, dass die Wahl des richtigen KI-Modells stark von den spezifischen Anforderungen des Anwendungsbereichs abhängt. Ein tiefes Verständnis der jeweiligen Stärken und Schwächen ermöglicht es Entwicklern und Unternehmen, fundierte Entscheidungen zu treffen und die Effizienz ihrer KI-Anwendungen zu maximieren.

14.3 Auswahl des richtigen Modells für spezifische Anwendungen

Die Auswahl des geeigneten KI-Modells ist ein entscheidender Schritt, der maßgeblich den Erfolg einer Anwendung beeinflussen kann. Verschiedene Anwendungsfälle erfordern unterschiedliche Ansätze, und die Wahl des Modells sollte auf einer gründlichen Analyse der spezifischen Anforderungen basieren.

Ein wichtiger Aspekt bei der Modellwahl ist die Art der Daten, die verarbeitet werden sollen. Für strukturierte Daten, wie sie in Tabellen oder Datenbanken vorkommen, sind klassische Machine-Learning-Algorithmen wie Entscheidungsbäume oder Support Vector Machines oft effektiver. Diese Modelle benötigen weniger Rechenressourcen und können schneller trainiert werden als komplexe neuronale Netze. Im Gegensatz dazu sind neuronale Netze besonders geeignet für unstrukturierte Daten wie Texte oder Bilder, wo sie durch ihre Fähigkeit zur Mustererkennung herausragende Ergebnisse liefern können.

Ein weiterer Faktor ist die Komplexität der Aufgabe. Bei einfachen Aufgaben, wie z.B. der Klassifizierung von E-Mails in Spam und Nicht-Spam, kann ein einfaches regelbasiertes System ausreichend sein. Für komplexere Anwendungen, etwa in der medizinischen Bildverarbeitung oder im autonomen Fahren, sind tiefere neuronale Netzwerke erforderlich, da sie in der Lage sind, subtile Muster zu erkennen und zu lernen.

Zusätzlich spielt die Verfügbarkeit von Ressourcen eine wesentliche Rolle. Unternehmen mit begrenzten finanziellen Mitteln oder Rechenkapazitäten sollten möglicherweise auf weniger ressourcenintensive Modelle zurückgreifen oder vortrainierte Modelle nutzen, um Kosten zu sparen und Entwicklungszeit zu verkürzen. In vielen Fällen kann auch Transfer Learning eine praktikable Lösung darstellen: Hierbei wird ein bereits trainiertes Modell an neue Aufgaben angepasst, was sowohl Zeit als auch Ressourcen spart.

Schließlich ist es wichtig zu berücksichtigen, dass sich Anforderungen im Laufe der Zeit ändern können. Ein flexibles Modell, das leicht aktualisiert oder retrainiert werden kann, bietet einen langfristigen Vorteil gegenüber starren Systemen. Die kontinuierliche Evaluierung und Anpassung des gewählten Modells an neue Gegebenheiten stellt sicher, dass die KI-Anwendung stets optimal funktioniert.

15
Interaktive Nutzungsmöglichkeiten

15.1 Spiele und Unterhaltung mit ChatGPT

Die Integration von Künstlicher Intelligenz in die Welt der Spiele und Unterhaltung eröffnet faszinierende Möglichkeiten, die das Nutzererlebnis revolutionieren können. ChatGPT, als eines der fortschrittlichsten KI-Modelle, bietet nicht nur Unterstützung bei alltäglichen Aufgaben, sondern auch innovative Ansätze für interaktive Spiele und kreative Unterhaltungsformate.

Ein bemerkenswerter Aspekt ist die Fähigkeit von ChatGPT, dynamische Geschichten zu generieren. Nutzer können in Rollenspielen oder interaktiven Erzählungen Entscheidungen treffen, die den Verlauf der Geschichte beeinflussen. Diese Form des Geschichtenerzählens fördert nicht nur die Kreativität, sondern ermöglicht es den Spielern auch, tiefere emotionale Verbindungen zu den Charakteren und Handlungssträngen aufzubauen.

Darüber hinaus kann ChatGPT als virtueller Spielleiter fungieren. In Brettspielen oder Tabletop-Rollenspielen kann die KI Regeln erklären, Szenarien erstellen und sogar auf unvorhergesehene Spielerentscheidungen reagieren. Dies schafft ein immersives Erlebnis, das sowohl für erfahrene Spieler als auch für Neulinge zugänglich ist.

- **Kreative Schreibwerkstätten:** Nutzer können gemeinsam mit ChatGPT Geschichten entwickeln oder Gedichte schreiben. Die KI kann Vorschläge machen und Inspiration bieten, was besonders für Autoren hilfreich ist.
- **Quizspiele:** Interaktive Quizformate ermöglichen es Nutzern, ihr Wissen zu testen. ChatGPT kann Fragen stellen und sofortige Rückmeldungen geben, wodurch ein unterhaltsames Lernumfeld entsteht.
- **Puzzles und Denksportaufgaben:** Die KI kann Rätsel generieren oder anpassen, um Herausforderungen zu schaffen, die auf dem Kenntnisstand des Nutzers basieren.

Die Nutzung von ChatGPT in Spielen und Unterhaltung fördert nicht nur das Engagement der Nutzer, sondern bietet auch eine Plattform für soziale Interaktion. Durch Multiplayer-Erlebnisse können Freunde oder Familienmitglieder zusammen spielen und dabei ihre Kommunikationsfähigkeiten stärken. Insgesamt zeigt sich, dass die Kombination aus Künstlicher Intelligenz und kreativen Spielen eine neue Ära der Unterhaltung einläutet – eine Ära voller Möglichkeiten zur persönlichen Entfaltung und zum gemeinsamen Spaß.

15.2 Virtuelle Assistenten im Alltag

Virtuelle Assistenten haben sich in den letzten Jahren zu einem unverzichtbaren Bestandteil des modernen Alltags entwickelt. Sie bieten nicht nur Unterstützung bei der Organisation von Aufgaben, sondern tragen auch zur Effizienzsteigerung und zur Verbesserung der Lebensqualität bei. Diese intelligenten Systeme sind in der Lage, alltägliche Herausforderungen zu bewältigen und den Nutzern wertvolle Zeit zu sparen.

Ein zentraler Aspekt der Nutzung virtueller Assistenten ist ihre Integration in Smart-Home-Systeme. Nutzer können durch Sprachbefehle Licht, Heizung oder Sicherheitssysteme steuern, was nicht nur den Komfort erhöht, sondern auch zur Energieeinsparung beiträgt. Beispielsweise kann ein virtueller Assistent automatisch die Heiztemperatur senken, wenn niemand zu Hause ist, oder das Licht dimmen, wenn es Zeit für einen Filmabend ist.

Darüber hinaus spielen virtuelle Assistenten eine entscheidende Rolle im Bereich der persönlichen Produktivität. Sie helfen dabei, Termine zu verwalten, Erinnerungen einzustellen und sogar E-Mails zu sortieren. Durch die Automatisierung dieser Aufgaben können Nutzer sich auf wichtigere Dinge konzentrieren. Ein Beispiel hierfür ist die Verwendung von Kalenderanwendungen, die durch KI unterstützt werden und Vorschläge für optimale Zeitfenster für Meetings machen.

Die Interaktion mit virtuellen Assistenten wird zunehmend intuitiver und benutzerfreundlicher gestaltet. Fortschritte in der Spracherkennungstechnologie ermöglichen es den Nutzern, natürlicher mit ihren Geräten zu kommunizieren. Dies fördert nicht nur die Akzeptanz solcher Technologien, sondern eröffnet auch neue Möglichkeiten für Menschen mit Einschränkungen oder älteren Personen, die möglicherweise Schwierigkeiten mit traditionellen Bedienoberflächen haben.

- **Gesundheitsmanagement:** Virtuelle Assistenten können an Medikamenteneinnahmen erinnern oder Gesundheitsdaten überwachen.
- **Einkaufsunterstützung:** Sie helfen beim Erstellen von Einkaufslisten und können sogar Bestellungen direkt aufgeben.
- **Lernhilfe:** Für Schüler bieten sie Unterstützung beim Lernen durch Bereitstellung von Informationen und Erklärungen.

Insgesamt zeigen virtuelle Assistenten das Potenzial, unseren Alltag erheblich zu erleichtern und effizienter zu gestalten. Ihre vielseitigen Anwendungen fördern nicht nur individuelle Produktivität, sondern tragen auch dazu bei, ein vernetztes und intelligentes Zuhause zu schaffen.

15.3 Personalisierte Nutzererfahrungen

Personalisierte Nutzererfahrungen sind ein entscheidender Faktor für den Erfolg digitaler Produkte und Dienstleistungen. In einer Welt, in der die Auswahl an Anwendungen und Plattformen nahezu unbegrenzt ist, wird es für Unternehmen immer wichtiger, ihren Nutzern maßgeschneiderte Erlebnisse zu bieten. Diese Individualisierung kann durch verschiedene Technologien und Ansätze erreicht werden, die darauf abzielen, das Nutzerverhalten zu analysieren und darauf basierend relevante Inhalte oder Funktionen bereitzustellen.

Ein zentrales Element personalisierter Erfahrungen ist die Nutzung von Datenanalysen. Durch das Sammeln und Auswerten von Nutzerdaten können Unternehmen Muster im Verhalten ihrer Kunden erkennen. Beispielsweise können E-Commerce-Plattformen durch Analyse des Kaufverhaltens gezielte Produktempfehlungen aussprechen, die auf den individuellen Vorlieben der Nutzer basieren. Dies erhöht nicht nur die Wahrscheinlichkeit eines Kaufs, sondern verbessert auch die allgemeine Zufriedenheit der Kunden.

Darüber hinaus spielen Algorithmen des maschinellen Lernens eine wesentliche Rolle bei der Schaffung personalisierter Erlebnisse. Diese Algorithmen lernen kontinuierlich aus dem Nutzerverhalten und passen sich dynamisch an Veränderungen an. Ein Beispiel hierfür sind Streaming-Dienste wie Netflix oder Spotify, die durch ihre Empfehlungsalgorithmen Inhalte vorschlagen, die auf den bisherigen Seh- oder Hörgewohnheiten der Nutzer basieren. Solche Systeme fördern nicht nur das Engagement der Nutzer, sondern tragen auch zur Bindung bei.

Ein weiterer Aspekt ist die Anpassung von Benutzeroberflächen (UIs) an individuelle Bedürfnisse. Viele Anwendungen ermöglichen es Nutzern mittlerweile, ihre Dashboards oder Startseiten nach eigenen Vorlieben zu gestalten. Dies kann durch Drag-and-Drop-Funktionen oder durch vorgefertigte Layouts geschehen, die den spezifischen Anforderungen des Nutzers gerecht werden. Eine solche Flexibilität fördert nicht nur eine positive Interaktion mit der Anwendung, sondern steigert auch deren Benutzerfreundlichkeit.

Insgesamt zeigt sich, dass personalisierte Nutzererfahrungen weit über einfache Anpassungen hinausgehen. Sie erfordern ein tiefes Verständnis für das Verhalten und die Bedürfnisse der Nutzer sowie den Einsatz fortschrittlicher Technologien zur Datenanalyse und -verarbeitung. Unternehmen, die in diese Bereiche investieren, können nicht nur ihre Kundenzufriedenheit erhöhen, sondern sich auch einen Wettbewerbsvorteil in einem zunehmend gesättigten Markt verschaffen.

16
Feedbackmechanismen zur Verbesserung

16.1 Nutzerfeedback einholen

Nutzerfeedback ist ein entscheidender Bestandteil der kontinuierlichen Verbesserung von Technologien wie ChatGPT. In einer Zeit, in der die Interaktion zwischen Mensch und Maschine immer komplexer wird, ist es unerlässlich, die Perspektiven und Erfahrungen der Nutzer zu verstehen. Durch das Einholen von Feedback können Entwickler nicht nur Schwächen identifizieren, sondern auch Stärken ausbauen und neue Funktionen entwickeln, die den Bedürfnissen der Anwender entsprechen.

Ein effektiver Ansatz zur Sammlung von Nutzerfeedback umfasst verschiedene Methoden. Umfragen sind eine gängige Methode, um quantitative Daten zu sammeln. Diese können gezielt Fragen zu spezifischen Funktionen oder allgemeinen Erfahrungen mit dem System stellen. Darüber hinaus bieten Interviews und Fokusgruppen qualitative Einblicke, die oft tiefere Verständnis für die Nutzerbedürfnisse ermöglichen. Hierbei ist es wichtig, eine offene Atmosphäre zu schaffen, in der Nutzer sich wohlfühlen, ihre ehrliche Meinung zu äußern.

Ein weiterer wichtiger Aspekt ist die Implementierung von Feedback-Mechanismen direkt innerhalb der Anwendung. Beispielsweise kann ein einfaches Bewertungssystem nach einer Interaktion mit ChatGPT den Nutzern ermöglichen, ihre Zufriedenheit schnell auszudrücken. Solche Mechanismen fördern nicht nur die Rückmeldung, sondern zeigen den Nutzern auch, dass ihre Meinungen geschätzt werden.

Die Analyse des gesammelten Feedbacks sollte systematisch erfolgen. Tools zur Datenanalyse können helfen, Muster und Trends im Nutzerverhalten zu erkennen. Dies ermöglicht es Entwicklern, priorisierte Verbesserungen vorzunehmen und gezielte Updates einzuführen. Zudem sollten Ergebnisse des Feedbacks transparent kommuniziert werden; dies stärkt das Vertrauen der Nutzer in das Produkt und zeigt ihnen auf, dass ihr Input tatsächlich Einfluss hat.

Zusammenfassend lässt sich sagen, dass das Einholen von Nutzerfeedback nicht nur eine Pflichtübung ist, sondern eine wertvolle Gelegenheit darstellt, um Produkte wie ChatGPT weiterzuentwickeln und an die Bedürfnisse der Anwender anzupassen. Indem man aktiv auf das Feedback eingeht und dieses in den Entwicklungsprozess integriert, kann man sicherstellen, dass technologische Lösungen sowohl effektiv als auch benutzerfreundlich bleiben.

16.2 Iterative Verbesserungsprozesse

Iterative Verbesserungsprozesse sind ein zentraler Bestandteil der Produktentwicklung, insbesondere in dynamischen Bereichen wie der Softwareentwicklung und der künstlichen Intelligenz. Diese Prozesse ermöglichen es Teams, kontinuierlich an ihren Produkten zu arbeiten, indem sie regelmäßig Feedback integrieren und Anpassungen vornehmen. Der iterative Ansatz fördert nicht nur die Flexibilität, sondern auch die Fähigkeit, schnell auf sich ändernde Nutzerbedürfnisse zu reagieren.

Ein wesentlicher Aspekt iterativer Verbesserungsprozesse ist die Anwendung von agilen Methoden. Diese Methoden betonen kurze Entwicklungszyklen, sogenannte Sprints, in denen spezifische Funktionen oder Verbesserungen implementiert werden. Nach jedem Sprint erfolgt eine Überprüfung des Fortschritts und eine Bewertung des Nutzerfeedbacks. Dies ermöglicht es den Entwicklern, gezielt auf Schwächen einzugehen und Stärken auszubauen.

Ein Beispiel für einen erfolgreichen iterativen Prozess findet sich im Bereich der Webanwendungen. Hier können Entwickler durch A/B-Tests verschiedene Versionen einer Funktion testen und analysieren, welche Variante bei den Nutzern besser ankommt. Solche Tests liefern wertvolle Daten über das Nutzerverhalten und helfen dabei, informierte Entscheidungen über zukünftige Entwicklungen zu treffen.

Darüber hinaus spielt die Dokumentation eine entscheidende Rolle in iterativen Prozessen. Jedes Feedback sollte systematisch erfasst und analysiert werden, um Trends zu erkennen und wiederkehrende Probleme zu identifizieren. Tools zur Projektverwaltung können hierbei unterstützen, indem sie eine transparente Übersicht über den Fortschritt bieten und sicherstellen, dass alle Teammitglieder informiert sind.

Zusammenfassend lässt sich sagen, dass iterative Verbesserungsprozesse nicht nur die Qualität eines Produkts steigern können, sondern auch das Engagement der Nutzer fördern. Indem Unternehmen aktiv auf Rückmeldungen eingehen und diese in ihre Entwicklungszyklen integrieren, schaffen sie Produkte, die nicht nur funktional sind, sondern auch den Bedürfnissen ihrer Anwender gerecht werden.

16.3 Einfluss des Feedbacks auf zukünftige Entwicklungen

Der Einfluss von Feedback auf zukünftige Entwicklungen ist ein entscheidender Faktor in der Produktentwicklung und -optimierung. Feedback, sei es von Nutzern, Stakeholdern oder Teammitgliedern, bietet wertvolle Einblicke in die Stärken und Schwächen eines Produkts. Diese Rückmeldungen sind nicht nur für die unmittelbare Verbesserung wichtig, sondern auch für die strategische Ausrichtung künftiger Entwicklungen.

Ein zentraler Aspekt des Feedbacks ist seine Fähigkeit, Trends und Muster im Nutzerverhalten zu identifizieren. Durch die Analyse von Rückmeldungen können Unternehmen erkennen, welche Funktionen besonders geschätzt werden und wo Verbesserungsbedarf besteht. Dies ermöglicht eine datengestützte Entscheidungsfindung, die über bloße Annahmen hinausgeht. Beispielsweise kann ein Softwareunternehmen durch Nutzerfeedback feststellen, dass eine bestimmte Funktion häufig genutzt wird, während andere Funktionen vernachlässigt werden. Solche Erkenntnisse helfen dabei, Ressourcen gezielt einzusetzen und Prioritäten für zukünftige Updates festzulegen.

Darüber hinaus fördert aktives Feedback eine Kultur der kontinuierlichen Verbesserung innerhalb eines Unternehmens. Wenn Mitarbeiter ermutigt werden, ihre Meinungen zu äußern und Vorschläge zu machen, entsteht ein dynamisches Umfeld, das Innovation begünstigt. Teams sind eher bereit, neue Ideen auszuprobieren und bestehende Prozesse zu hinterfragen, wenn sie wissen, dass ihr Input geschätzt wird. Dies kann zu bahnbrechenden Entwicklungen führen und das Unternehmen insgesamt agiler machen.

Ein weiteres Beispiel für den Einfluss von Feedback auf zukünftige Entwicklungen findet sich im Bereich der Benutzeroberflächen (UI) und Benutzererfahrungen (UX). Hier können regelmäßige Usability-Tests durchgeführt werden, um herauszufinden, wie Nutzer mit einem Produkt interagieren. Die daraus gewonnenen Erkenntnisse fließen direkt in Designentscheidungen ein und tragen dazu bei, Produkte benutzerfreundlicher zu gestalten.

Zusammenfassend lässt sich sagen, dass der Einfluss von Feedback auf zukünftige Entwicklungen weitreichend ist. Es ermöglicht nicht nur eine präzisere Anpassung an die Bedürfnisse der Nutzer sondern fördert auch eine Innovationskultur innerhalb des Unternehmens. Indem Unternehmen aktiv auf Rückmeldungen reagieren und diese in ihre Entwicklungsstrategien integrieren, schaffen sie Produkte mit langfristigem Erfolgspotenzial.

17
Globale Perspektiven auf Künstliche Intelligenz

17.1 Internationale Standards und Richtlinien

Die Entwicklung und Implementierung von Künstlicher Intelligenz (KI) erfordert einheitliche internationale Standards und Richtlinien, um die Sicherheit, Ethik und Effizienz dieser Technologien zu gewährleisten. In einer globalisierten Welt ist es entscheidend, dass Länder zusammenarbeiten, um Rahmenbedingungen zu schaffen, die den verantwortungsvollen Einsatz von KI fördern.

Ein zentraler Aspekt internationaler Standards ist die Harmonisierung der rechtlichen Rahmenbedingungen. Verschiedene Länder haben unterschiedliche Ansätze zur Regulierung von KI entwickelt, was zu Unsicherheiten für Unternehmen führen kann, die international tätig sind. Die Schaffung eines einheitlichen Regelwerks könnte nicht nur rechtliche Klarheit bieten, sondern auch Innovationen ankurbeln, indem sie Unternehmen ermutigt, in neue Märkte zu expandieren.

Ein Beispiel für solche Bemühungen ist die Arbeit der International Organization for Standardization (ISO), die Standards für KI entwickelt hat. Diese Standards umfassen Aspekte wie Datenmanagement, Transparenz und Nachvollziehbarkeit von Algorithmen sowie ethische Überlegungen im Umgang mit KI-Systemen. Durch diese Normen wird sichergestellt, dass KI-Anwendungen nicht nur effizient sind, sondern auch den gesellschaftlichen Werten entsprechen.

Darüber hinaus spielen Organisationen wie die OECD eine wichtige Rolle bei der Formulierung von Richtlinien für den verantwortungsvollen Einsatz von KI. Ihre Prinzipien betonen unter anderem Fairness, Transparenz und Verantwortlichkeit in der Entwicklung und Anwendung von KI-Technologien. Solche Leitlinien helfen dabei, das Vertrauen der Öffentlichkeit in KI-Systeme zu stärken und mögliche negative Auswirkungen auf Gesellschaft und Wirtschaft zu minimieren.

Schließlich ist es wichtig zu betonen, dass internationale Zusammenarbeit nicht nur auf regulatorischer Ebene stattfinden sollte. Der Austausch bewährter Praktiken zwischen Ländern kann dazu beitragen, innovative Lösungen schneller zu entwickeln und Herausforderungen gemeinsam anzugehen. Initiativen wie internationale Konferenzen oder Forschungskooperationen können als Plattform dienen, um Wissen auszutauschen und gemeinsame Standards weiterzuentwickeln.

17.2 Unterschiede in der Akzeptanz weltweit

Die Akzeptanz von Künstlicher Intelligenz (KI) variiert erheblich zwischen verschiedenen Ländern und Kulturen, was auf eine Vielzahl von Faktoren zurückzuführen ist. Diese Unterschiede sind entscheidend für die Entwicklung und Implementierung von KI-Technologien, da sie sowohl Chancen als auch Herausforderungen mit sich bringen.

In vielen westlichen Ländern, insbesondere in den USA und Europa, wird KI oft als treibende Kraft für Innovation und wirtschaftliches Wachstum angesehen. Hier gibt es eine weit verbreitete Begeisterung für technologische Fortschritte, die durch Investitionen in Forschung und Entwicklung sowie durch eine starke Startup-Kultur unterstützt wird. In diesen Regionen sind die Menschen tendenziell optimistischer gegenüber den Vorteilen von KI, wie etwa Effizienzsteigerungen und neue Geschäftsmöglichkeiten.

Im Gegensatz dazu zeigen viele asiatische Länder, wie Japan oder Südkorea, eine differenzierte Sichtweise auf KI. Während diese Nationen ebenfalls große Fortschritte in der Technologie gemacht haben, gibt es oft Bedenken hinsichtlich der sozialen Auswirkungen von Automatisierung und Arbeitsplatzverlusten. In Japan beispielsweise ist das Vertrauen in Roboter hoch, jedoch gibt es gleichzeitig Ängste vor einer Übernahme des Arbeitsmarktes durch Maschinen.

In Schwellenländern hingegen kann die Akzeptanz von KI stark variieren. In Indien beispielsweise wird KI häufig als Werkzeug zur Lösung drängender gesellschaftlicher Probleme betrachtet, wie etwa im Gesundheitswesen oder in der Landwirtschaft. Die Bevölkerung zeigt ein hohes Interesse an Technologien, die das tägliche Leben verbessern können. Dennoch bestehen auch hier Herausforderungen hinsichtlich der Infrastruktur und des Zugangs zu Bildung im Bereich digitaler Kompetenzen.

Ein weiterer wichtiger Aspekt ist das Vertrauen in Daten- und Datenschutzpraktiken. In Europa beispielsweise hat die Datenschutz-Grundverordnung (DSGVO) strenge Richtlinien eingeführt, die das Vertrauen der Bürger stärken sollen. Im Gegensatz dazu haben viele Länder weniger regulierte Umgebungen, was zu einer höheren Skepsis gegenüber dem Einsatz von KI führen kann.

Zusammenfassend lässt sich sagen, dass die globale Akzeptanz von Künstlicher Intelligenz stark kontextabhängig ist und durch kulturelle Werte, wirtschaftliche Bedingungen sowie rechtliche Rahmenbedingungen beeinflusst wird. Ein tieferes Verständnis dieser Unterschiede ist unerlässlich für Unternehmen und Regierungen, um effektive Strategien zur Einführung von KI zu entwickeln.

17.3 Zusammenarbeit zwischen Ländern

Die internationale Zusammenarbeit im Bereich der Künstlichen Intelligenz (KI) ist von entscheidender Bedeutung, um die globalen Herausforderungen zu bewältigen und die Vorteile dieser Technologie gerecht zu verteilen. Angesichts der rasanten Entwicklungen in der KI-Technologie müssen Länder zusammenarbeiten, um Standards zu setzen, ethische Richtlinien zu entwickeln und den Wissensaustausch zu fördern.

Ein Beispiel für erfolgreiche internationale Kooperation ist das **Global Partnership on Artificial Intelligence (GPAI)**, das 2020 ins Leben gerufen wurde. Diese Initiative bringt Regierungen, Unternehmen und Wissenschaftler aus verschiedenen Ländern zusammen, um Best Practices auszutauschen und gemeinsame Projekte zu initiieren. Durch solche Partnerschaften können Länder voneinander lernen und innovative Lösungen entwickeln, die auf spezifische lokale Bedürfnisse zugeschnitten sind.

Darüber hinaus spielt die **Forschung** eine zentrale Rolle in der länderübergreifenden Zusammenarbeit. Viele Forschungsprojekte werden international finanziert und durchgeführt, was den Austausch von Ideen und Technologien fördert. Ein Beispiel hierfür ist das EU-Forschungsprogramm Horizon Europe, das darauf abzielt, transnationale Forschungskooperationen im Bereich KI zu unterstützen. Solche Programme ermöglichen es Ländern mit unterschiedlichen Ressourcen und Fachkenntnissen, gemeinsam an Lösungen für komplexe Probleme wie Klimawandel oder Gesundheitsversorgung zu arbeiten.

Ein weiterer wichtiger Aspekt ist die **Regulierung**. Unterschiedliche rechtliche Rahmenbedingungen können den internationalen Handel mit KI-Technologien behindern. Daher ist es wichtig, dass Länder harmonisierte Standards entwickeln, um einen fairen Wettbewerb zu gewährleisten und gleichzeitig Datenschutz- sowie Sicherheitsbedenken Rechnung zu tragen. Initiativen wie die OECD-Empfehlung zur Künstlichen Intelligenz bieten einen Rahmen für Länder, um ihre politischen Ansätze abzustimmen.

Zusammenfassend lässt sich sagen, dass die Zusammenarbeit zwischen Ländern im Bereich Künstliche Intelligenz nicht nur notwendig ist, sondern auch erhebliche Vorteile bietet. Durch den Austausch von Wissen und Ressourcen können globale Herausforderungen effektiver angegangen werden. Die Schaffung eines gemeinsamen Rahmens für Forschung und Regulierung wird entscheidend sein für eine verantwortungsvolle Entwicklung von KI-Technologien weltweit.

18
Fazit und Ausblick

18.1 Zusammenfassung der Erkenntnisse

In einer Zeit, in der Künstliche Intelligenz (KI) zunehmend in alle Lebensbereiche integriert wird, bietet das Buch „ChatGPT im Alltag" eine umfassende Analyse der vielfältigen Einsatzmöglichkeiten von ChatGPT. Die Erkenntnisse aus den verschiedenen Kapiteln verdeutlichen nicht nur die Funktionsweise dieser Technologie, sondern auch deren praktischen Nutzen für unterschiedliche Zielgruppen.

Ein zentrales Ergebnis ist die Vielseitigkeit von ChatGPT. Ob im Bildungsbereich, wo es als Tutor fungieren kann, oder im beruflichen Umfeld, wo es Routineaufgaben automatisiert und kreative Prozesse unterstützt – die Anwendungsmöglichkeiten sind nahezu unbegrenzt. Besonders hervorzuheben ist die Fähigkeit von ChatGPT, personalisierte Lern- und Arbeitsumgebungen zu schaffen. Dies ermöglicht es Nutzern, ihre individuellen Bedürfnisse besser zu adressieren und effizienter zu arbeiten.

Darüber hinaus zeigt sich in den Beispielen des Buches, dass die Interaktion mit KI nicht nur funktional ist, sondern auch emotionale Dimensionen hat. Nutzer berichten von einer erhöhten Motivation beim Lernen neuer Sprachen oder beim Verfassen kreativer Texte durch die Unterstützung von ChatGPT. Diese positive Nutzererfahrung unterstreicht die Bedeutung emotionaler Intelligenz in der Entwicklung von KI-Systemen.

Ein weiterer wichtiger Aspekt sind die ethischen Überlegungen im Umgang mit KI. Das Buch thematisiert Herausforderungen wie Datenschutz und Bias in Algorithmen und regt dazu an, verantwortungsbewusste Nutzungskonzepte zu entwickeln. Die Leser werden ermutigt, kritisch über den Einfluss von KI auf Gesellschaft und Individuum nachzudenken und aktiv an der Gestaltung einer fairen digitalen Zukunft mitzuwirken.

Zusammenfassend lässt sich sagen, dass „ChatGPT im Alltag" nicht nur ein Leitfaden zur Nutzung dieser Technologie darstellt, sondern auch einen Anstoß gibt, über deren weitreichende Implikationen nachzudenken. Die Kombination aus theoretischem Wissen und praktischen Anwendungen inspiriert dazu, neue Wege zu finden, um Künstliche Intelligenz sinnvoll in das tägliche Leben zu integrieren.

18.2 Zukünftige Entwicklungen im Bereich AI

Die Zukunft der Künstlichen Intelligenz (KI) verspricht eine Vielzahl von spannenden Entwicklungen, die sowohl technologische als auch gesellschaftliche Dimensionen umfassen. In den kommenden Jahren wird erwartet, dass KI-Systeme zunehmend autonomer und intelligenter werden, was neue Möglichkeiten für ihre Anwendung in verschiedenen Bereichen eröffnet.

Ein zentraler Trend ist die Weiterentwicklung von **generativen Modellen**, wie sie bereits bei ChatGPT zu beobachten sind. Diese Modelle werden nicht nur in der Textverarbeitung eingesetzt, sondern finden auch Anwendung in der Bild- und Musikproduktion. Die Fähigkeit dieser Systeme, kreative Inhalte zu generieren, könnte die Art und Weise revolutionieren, wie wir Kunst und Medien konsumieren und produzieren. Beispielsweise könnten Künstler KI als kreativen Partner nutzen, um neue Werke zu schaffen oder bestehende Ideen weiterzuentwickeln.

Ein weiterer bedeutender Aspekt ist die Integration von KI in **Smart Cities**. Hierbei wird KI genutzt, um städtische Infrastrukturen effizienter zu gestalten. Durch intelligente Verkehrsmanagementsysteme können Staus reduziert und der öffentliche Nahverkehr optimiert werden. Zudem könnten KI-gesteuerte Überwachungssysteme zur Verbesserung der öffentlichen Sicherheit beitragen, indem sie potenzielle Bedrohungen frühzeitig erkennen.

Die ethischen Herausforderungen im Umgang mit KI werden ebenfalls an Bedeutung gewinnen. Mit dem Fortschritt der Technologie wird es unerlässlich sein, klare Richtlinien für den verantwortungsvollen Einsatz von KI zu entwickeln. Themen wie Datenschutz, algorithmische Fairness und Transparenz müssen aktiv adressiert werden, um das Vertrauen der Nutzer in diese Technologien zu stärken.

Schließlich wird die **Mensch-KI-Interaktion** weiterhin ein zentrales Forschungsfeld bleiben. Die Entwicklung intuitiver Schnittstellen und emotional intelligenter Systeme könnte dazu führen, dass Menschen noch enger mit KI zusammenarbeiten können. Dies könnte insbesondere im Bildungsbereich von Vorteil sein, wo personalisierte Lernumgebungen geschaffen werden können.

Zusammenfassend lässt sich sagen, dass die zukünftigen Entwicklungen im Bereich AI nicht nur technologische Innovationen umfassen werden, sondern auch tiefgreifende gesellschaftliche Veränderungen mit sich bringen könnten. Es liegt an uns allen, diese Entwicklungen aktiv mitzugestalten und sicherzustellen, dass sie zum Wohle aller eingesetzt werden.

18.3 Einladung zur aktiven Teilnahme an der Diskussion

Die aktive Teilnahme an der Diskussion über Künstliche Intelligenz (KI) ist von entscheidender Bedeutung, um die vielfältigen Herausforderungen und Chancen, die diese Technologie mit sich bringt, zu adressieren. In einer Zeit, in der KI zunehmend in alle Lebensbereiche integriert wird, ist es unerlässlich, dass nicht nur Experten, sondern auch die breite Öffentlichkeit in den Dialog einbezogen wird. Dies fördert ein besseres Verständnis und ermöglicht es den Menschen, informierte Entscheidungen über den Einsatz von KI zu treffen.

Ein zentraler Aspekt dieser Einladung zur Diskussion ist die Schaffung eines inklusiven Rahmens, der verschiedene Perspektiven und Erfahrungen berücksichtigt. Die Vielfalt der Meinungen kann dazu beitragen, innovative Lösungen zu entwickeln und ethische Fragestellungen umfassend zu beleuchten. Beispielsweise könnten Workshops oder öffentliche Foren organisiert werden, in denen Bürger ihre Bedenken äußern und Vorschläge zur Verbesserung des KI-Einsatzes machen können.

Darüber hinaus spielt Bildung eine wesentliche Rolle bei der Förderung einer aktiven Teilnahme. Durch gezielte Bildungsprogramme können Menschen aller Altersgruppen ein grundlegendes Verständnis für KI entwickeln. Schulen könnten beispielsweise Lehrpläne integrieren, die nicht nur technische Aspekte abdecken, sondern auch ethische Überlegungen und gesellschaftliche Auswirkungen thematisieren. Solche Initiativen würden das Bewusstsein schärfen und das Engagement für verantwortungsvolle Technologien fördern.

Ein weiterer wichtiger Punkt ist die Nutzung digitaler Plattformen zur Förderung des Dialogs. Soziale Medien und Online-Foren bieten eine hervorragende Möglichkeit für den Austausch von Ideen und Informationen über KI. Diese Plattformen ermöglichen es Menschen aus verschiedenen Hintergründen, ihre Ansichten zu teilen und voneinander zu lernen. Um jedoch sicherzustellen, dass diese Diskussionen konstruktiv sind, sollten Moderatoren eingesetzt werden, um respektvolle Interaktionen zu gewährleisten.

Zusammenfassend lässt sich sagen, dass die Einladung zur aktiven Teilnahme an der Diskussion über Künstliche Intelligenz nicht nur eine Frage des Zugangs ist; sie erfordert auch Engagement auf individueller sowie kollektiver Ebene. Indem wir einen offenen Dialog fördern und verschiedene Stimmen hören lassen, können wir sicherstellen, dass die Entwicklungen im Bereich KI zum Wohle aller gestaltet werden.

Referenzen:

- Russell, S., & Norvig, P. (2016). Künstliche Intelligenz: Ein moderner Ansatz. Pearson.
- O'Neil, C. (2016). "Weapons of Math Destruction: How Big Data Increases Inequality and Threatens Democracy". Crown Publishing Group.
- Brynjolfsson, E., & McAfee, A. (2014). Die zweite Maschinenzeit: Arbeit und Fortschritt in der digitalen Ära. Haffmans.
- Goodfellow, I., Bengio, Y., & Courville, A. (2016). Deep Learning. MIT Press.
- European Commission. (2020). "White Paper on Artificial Intelligence". Abgerufen von https://ec.europa.eu/info/publications/white-paper-artificial-intelligence-european-approach-excellence-and-trust_en
- Turing, A. M. (1950). Computing Machinery and Intelligence. Mind.
- Jobin, A., Ienca, M., & Andorno, R. (2019). AI and Ethics: The European Approach. Nature Machine Intelligence.
- Müller, B. (2020). Feedbackkultur in Schulen: Strategien zur Verbesserung des Lernens. Pädagogische Hochschule.
- Schmidt, A. (2021). Digitale Technologien im Unterricht: Chancen und Herausforderungen. Verlag für Bildung.
- Binns, R. (2018). "Fairness in Machine Learning: Lessons from Political Philosophy". In Proceedings of the 2018 Conference on Fairness, Accountability, and Transparency.
- Klein, D. (2022). Bewertungsrubriken effektiv nutzen: Ein Leitfaden für Lehrkräfte. Schulbuchverlag.
- Müller, T. (2022). Kreatives Schreiben mit KI: Chancen und Herausforderungen.
- Smith, J. (2020). Personalisierung im digitalen Marketing. Verlag für digitale Medien.
- Kelleher, J.D., & Tierney, B.(2018) Data Science: An Introduction to Statistics and Machine Learning.MIT Press</ li >
- AI Now Institute.(2018) Jahresbericht über soziale Auswirkungen von KI</ li >

© 2024 Alexander Armin

Verlag: BoD · Books on Demand GmbH,
Überseering 33, 22297 Hamburg, bod@bod.de
Druck: Libri Plureos GmbH,
Friedensallee 273, 22763 Hamburg
ISBN: 978-3-8192-6280-7

„ChatGPT im Alltag" beleuchtet die Integration von Künstlicher Intelligenz in unseren täglichen Lebensbereich und zeigt auf, wie das KI-Modell ChatGPT vielseitig eingesetzt werden kann. In einer zunehmend technologiegeprägten Welt ist es wichtig, die Funktionsweise und den praktischen Nutzen von KI zu verstehen. Das Buch richtet sich an ein breites Publikum, darunter Studierende, Berufstätige und technikaffine Menschen, die von den Erkenntnissen profitieren möchten.

Das Werk ist in mehrere Kapitel unterteilt, die verschiedene Aspekte der Nutzung von ChatGPT behandeln. Zunächst wird die grundlegende Funktionsweise des Modells erklärt. Anschließend folgt eine detaillierte Analyse der Einsatzmöglichkeiten in Bereichen wie Bildung, Beruf, Kreativität und persönlicher Organisation. Jedes Kapitel bietet praktische Beispiele und Anleitungen zur effektiven Nutzung der Technologie.

Besonders hervorzuheben sind die praxisnahen Szenarien, die zeigen, wie ChatGPT beim Lernen neuer Sprachen, der Automatisierung von Arbeitsabläufen oder der kreativen Ideenfindung unterstützen kann. Zudem werden ethische Überlegungen und Herausforderungen im Umgang mit KI thematisiert, um ein ausgewogenes Bild zu vermitteln. Abschließend enthält jedes Kapitel nützliche Tipps und Tricks für eine optimale Interaktion mit ChatGPT.

Insgesamt lädt „ChatGPT im Alltag" dazu ein, die Vorteile der Künstlichen Intelligenz zu erkunden und sie aktiv in das tägliche Leben zu integrieren.